児童の読書力を形成する読書日記

―読書指導法の改善と個の変容を目指して―

細 恵子

溪水社

はじめに

　私が読書指導の研究を行った理由は、国語科で身に付けたはずの読む力が日常の読書に結び付いていないという小学校での実践課題を踏まえ、日常生活や国語科授業における読書指導を改善する必要があると考えたからである。

　私を含めて小学校の教師は、これまで国語科「読むこと」の学習においては、学習指導要領解説国語編で示された言語活動例を基に、様々な読書活動（音読劇・ペープサート劇・紙芝居を演じる活動、本の帯・ポップ・ポスター・リーフレット・パンフレット等で紹介・推薦する活動、感想を交流する読書会等）を取り入れ、授業改善を図ってきた。また、これらの読書活動とともに、読書カードの記録等の日常的な読書活動も行ってきた。しかし、私は、小学校における読書指導の目標と読書活動の内容、読書指導の方法に関して以下の課題が残されていると考えるようになった。

①読書指導の目標

　国語科「読むこと」の授業やそれ以外の学校生活の中で行われる多様な読書活動において、日常の読書生活に機能する力を明確にして指導することが十分ではない。「読書力」が曖昧である。

②読書活動の内容

　読んだ本やページ数等を記録する読書カードは一般的に用いられているが、文章を書いたり話し合ったりする読書活動は、目指す「読書力」の曖昧さに時間の確保の難しさも加わることにより、連続性・系統性が見えにくく、児童が読書の良さを実感し自分の読書生活を高めるものになっていない。また、感想文を書くことを苦手とする児童や建前で理想的な感想文を書く児童が多い実態があることから、読書活動は自分の本当の思い、素直な思いを表現できる十分な内容や形式になっていないと考えられる。

③読書指導（一斉指導）の方法

　読書活動では、児童同士が自分の読み取ったことや感想を交流するが、

視点を明確にして話し合うこと、読む力を高めること、読書を広げていくことが十分にできていないと考える。「読書力」を、書くことや話し合うことと関連させながら育成することが十分ではない。

④読書指導（個に応じた指導）の方法

　読む意欲や読む力の個人差は大きい。また、読書に没頭するあまり、集団生活に支障が出たり、人間関係を築くことができなかったりするという大きな問題をはらんでいる場合もあるが、読書活動を通して具体的な手立てを講じることや個の変容を明らかにすることが十分にできていない。

　読書指導に対する教師の取り組みや課題意識を捉えるためのアンケート調査（2014年8月2日に広島大学で行われた第10回国語科授業研究大会に参加した小学校教師66名を対象）においても、読書指導の困難さとして、教師の47.0％が「時間の確保」を、50.0％が「指導法の不明確さ」を、77.3％が「個人差があること」を挙げた。また、本を読む意欲を高め、読書習慣を身に付けさせることに重点を置いて指導（読み聞かせ・読書カードの記録）をしているが、児童が様々な本を自分で選ぶこと、本の読み方を身に付けること、読書生活を高めていくことを促す指導が十分にできていないということも明らかになった。

　以上の課題を踏まえ、次のように研究と実践を進めていった。前述した①～④の課題に対応させて次のⅠ～Ⅳを示す。

Ⅰ　日本と海外の読書指導に関する先行研究を考察し、日常の読書生活に機能する多様な「読書力」を定義した。

Ⅱ　年間を通して連続的・系統的に取り組むことができる読書活動、読む技術を育てるとともに、読書の良さを実感し、読書生活を高める読書活動、自分の内面を表出できる読書活動を検討し、それらに合致する「読書日記」を開発した。

Ⅲ　指導の視点を明確にした「読書日記指導」、話し合う活動との関連を図りながら行う「読書日記指導」を私の勤務校（広島県内の公立小学校・大学の附属小学校　計3校）で年間を通して行い、児童の身に付いた読書

力を示した。

Ⅳ　児童それぞれの実態に即した指導法の具体化を図り、個の変容に焦点
を当てて考察した。

本書は、小学校に勤務しながら「読書日記指導」について、広島大学大学院教育学研究科学習開発専攻博士課程で4年間研究し作成した博士論文を基に、その後の小学校3年間での実践を加え、まとめたものである。

第1章では、先行研究を検討し、小学校の読書指導で身に付けさせたい読書力を定義している。また、これまでの読書指導の課題解決に向け、大村はまの実践を基に私が考案した読書日記について説明し、その指導の4つの視点と目的・方法を示している。

第2章からは、広島県での私の実践を紹介している。第2章は、「読書日記の実践理論」である。B小学校3年2組に対して行った実践を通して、読書力を形成する読書日記指導の方法について具体的に示すようにした。第1節では、4つの視点を設定して行った読書日記指導と児童の読書日記の変容を示している。第2節では、本の読み方で取り入れたい「自分との関連づけ」の種類と内容を具体化した上で、児童の1年間の読書日記の内容を分析している。第3章は、「低学年の読書日記の実践」である。第1節では、B小学校1年生の読書日記の導入の仕方、国語科単元での読書日記の活用法等を示している。第2節では、C小学校第2学年の比べ読みにおいて読書日記と自己評価活動を関わらせた実践を紹介している。第4章は、「中学年の読書日記の実践」である。第1節では、B小学校3年1組において児童同士が読書日記を読み合うという交流に焦点を当て、読書の広がりと児童の読書力の形成について紹介している。第2節ではC小学校3年生に対して行った実践を取り上げ、読書日記の交流の方法と児童の変容を明らかにしている。第5章は、「高学年の読書日記の実践」である。国語科の言語活動における読書日記の活用や読書環境づくり、読書日記指導による児童の内面と行動の変容を示している。

第6章は、「読書日記指導プログラムの構想」である。小学校での実践結果を踏まえ、第1・3・5学年の読書日記指導プログラムを示している。

私は、2011年度から読書日記指導を7学級で実践してきた。各学級で児童は1年間読書日記を書き続けることにより、本を読み自分の考えを書くことに対する意欲を高め、新たな読み方や考え方等を身に付けるようになっていった。これまでの実践結果から、読書日記を書くことは児童の読書力を形成することに適した読書活動だと言える。

　今後は、ICT教育により新たな読書指導の形もあらわれてくると考えられるが、それとともに紙の本の読書指導の良さも大切にしていきたい。

　本書が、国語科授業と日常の読書指導に関心をもっておられる方、読書指導の改善を図りたいと考えていらっしゃる方の実践の一助になることを願っている。

2021年10月

　　　　　　　　　　　　　　　　　　　　　　　　　細　恵子

目　次

第3章　低学年の読書日記の実践

第4章　中学年の読書日記の実践

第5章　高学年の読書日記の実践

第6章　読書日記指導プログラムの構想

児童の読書力を形成する読書日記
―読書指導法の改善と個の変容を目指して―

第1章　読書日記指導に向けて

第1節　読書力の定義

第1項　リテラチャー・サークルの話題

　Day et al.（2002）では、小学校第3学年からミドル・スクール（中学校）までの担任教師、読むことを指導する教師、学校管理者のために、リテラチャー・サークルの具体的な実践の実例が示されている。この訳書の山元（2013）では、リテラチャー・サークルについて、「一つの文章や本について子どもたちが小さなグループでいっしょになって語り合うための機会」「さまざまな登場人物や出来事、読者一人ひとりの経験や、作者の工夫に関する観察などに、子どもを集中させる話し合いの時間」（p.12）、「集中的な学習指導ではなく、比較的長期にわたる実践」「生涯にわたって読み続ける読者の育成を可能にする実践」（p.173）と述べられている。子どもたちにより深く本について考えさせる実践では、以下の話題が示されている（pp.97-98）。これらは考えるきっかけであり、それ以上のことができるよう離陸させるものであるが、どのような本についても使うことができるものとされている。

本と自分とのつながりをつくるために
①この本から何を思い出しますか？
②登場人物か本全体からあなたが個人的に思い出したことを少なくとも一つ
　教えてください。この人物と似たような興味関心や感情や経験を今までに
　持ったことがありますか？どの登場人物でもいいですが、好きだったり、

ちょっと違うなと思った人物はいましたか？

③どのような読者がこの本を好むと思いますか？

④あなたと似ている登場人物は誰ですか？どのような点が似ていますか？

⑤あなたと友達になれそうな登場人物は誰ですか？

⑥少なくとも二人の登場人物を、自分や家族、友達の誰かと比べてみなさい。

重要な要素を確認するために

⑦この本で一番大切な考えは何ですか？

⑧作者は人生についてどのようなことを語りかけようとしていますか？

⑨本のなかで一番大切な部分や一番おもしろい部分はどこだと思いますか？

⑩もっとも重要な登場人物は誰だと思いますか？それはなぜですか？

⑪読み進めるにつれて、中心人物についてだんだんとわかってきたはずです。その人物の特徴を書き出してみましょう。それだけでなく、その人物が感じたことやしたことも例としてあげてみましょう。

⑫登場人物を一人選んでください。重要な人物だけれども中心人物ではない人物です。その人物を絵に描いて、中心人物との関係を説明しなさい。そして、その人物がこの本のなかでなぜ重要なのかを教えてください。

⑬この本のなかでびっくりしたところはありましたか？それはなぜですか？そのびっくりがなければ、どのような展開になるとあなたは予想しますか？

その物語についての感じ方を表現するために

⑭人物○○についてどのように感じましたか？

⑮中心人物は正しいことをしたと思いますか？

⑯この本を読んでどのように感じましたか？どこの部分でそのように感じたのか教えてください。

⑰他の子がこの本を読んで楽しいと思うか、そうでないと思うか、考えなさい。そのように考える理由を教えてください。

⑱この本を誰か他の人にすすめたいですか？その理由は？

⑲読んでいる間、あなたの頭の中にはどんなことが浮かびましたか？

⑳どの部分が一番お気に入りですか？その理由は？

㉑好きな人物は誰ですか？嫌いな人物は誰ですか？その理由は？

㉒読んでいくうちに、あなたの感じ方は変わりましたか？それはどのように？

作者の工夫に注意を向けるために

㉓この作者の他の本を読みたいと思いますか？

㉔作者に聞いてみたいことは何ですか？

㉕作者はあなたに何を言おうとしているのでしょうか？

㉖作者がたった今このクラスに来たとします。あなたなら作者に何を言って
あげますか、またどのような質問をしますか？

㉗この本を書き直すことができるとしたら、どんなふうに書き直しますか？

㉘この本のなかに、あなたがこれまであまり見たことのない、不思議なとこ
ろはありましたか？作者はなぜそのようなところをこの本に書いたので
しょうか？

㉙この本は何らかの特別な方法（たとえば、視覚的イメージをたくさん使っ
ている、回想や第一人称で語っている、など）で書かれていますか？その
ことで物語がよりおもしろくなったと思いますか？

㉚作者はなぜこのような本を書いたのだと思いますか？

図1-1　リテラチャー・サークルの話題
（図中の番号は筆者による）

　リテラチャー・サークルの話題で身に付けられる力は、主にPISA型読
解力の「情報の取り出し」（テキストに書かれている情報を正確に取り出すこ
と）、「解釈」（書かれた情報がどのような意味を持つか理解したり推論したり
すること）、「熟考・評価」（書かれていることを児童の知識や考え方や経験と
結びつけること）であると考えられる。

　リテラチャー・サークルの話題の中で特に注目したいものは、「本と自
分とのつながりをつくるために」である。図1-1の①②は、自分の経験
と関連づけるもの、②④⑥は、自分と他者を比較するものである。このよ
うな話題は、登場人物の行動や気持ち、性格を具体的に想像すること、人
物に対する感想をもつことを容易にするものである。また、これまでの自
分の行動や考え方を振り返り、これからの自分のあり方を考えることも可
能にする。自分と様々な登場人物を比較することにより、自分の憧れる人
物や共感できる生き方、共感できない生き方と出会い、自分の理想的な姿
を思い描くこともできるようになると考える。このように自分と関連づけ

る話題で読むことは、自分の知識や体験を増やし、自分の考え方を育てていく上でも必要なことである。

　「重要な要素を確認するために」では、単に書かれていることを抜き出すだけではなく、書かれていることを基に、作品の内容や登場人物の行動・考え方、人物関係等について重要なことを推論することを求めている。

　「その物語についての感じ方を表現するために」や「作者の工夫に注意を向けるために」では、感想だけでなく作品の内容や表現を評価・批評することまで求めており、一人一人の自由な読みも大切にしている。

　自分と関連づけることや重要なことを推論すること、作品を評価・批評することは、特に物語を読む場合、どの本にも使える方法であるため、児童に身に付けさせたい力（読書力）を具体化する上で注目できる。

第2項　大村はまの「読書生活の記録」

　大村はまは、中学校で、直接の学習の対象にされていなかった読書指導を見直し、昭和41年度から昭和45年度までの5年間、年間を通して帯単元「読書」（月に2、3時間）の指導を行った。大村（1984b）は、読書指導についての考えを以下のように述べている（pp.6-8）。一部紹介する。

　　　①読書指導は、読書案内だけではない
　　　②読書指導の内容は本を探すところから始まり、いろいろの読書の技
　　　　術を身につけることである
　　　③読書指導は読解指導のあとに続くものではない。読解指導へのつけ
　　　　足しでない、単なる発展でもない
　　　④読んだことを蓄えておくだけの"情報人"でなく、読んだことから
　　　　何か発見したり、何か作り出したりする読書人に
　　　⑤読書は、まず読者のためのものである

　このように、大村は、本を紹介する読書指導だけでなく、本を選ぶ技術、読み方の技術、読解を超えて本を活用する技術を身に付けた、自立した読書人を育成することを重視している。

　大村はまが読書指導でねらっていたことは、大村（1984b）に示された
帯単元「読書」の学習活動の一つ「読書生活の記録」から見出すことがで
きる。大村は、従来の読書記録に対して、読書生活が育っていく「読書生
活の記録」を生み出した。昭和43年には「読書生活の記録」をさらによい
ものにするために、生徒たちから記録に加えるものとまとめ方についての
意見を出させ、改善を繰り返していった。図 1 - 2 は、昭和51年度中学 2
年生の「読書生活の記録」の目次（大村，1984b，p.413より引用し抜粋）で
ある。「四　感想文」の中の本の題名は省略している。

まえ書き

一　私の読書計画

二　読書日記（四月～三月）

三　読書ノート

四　感想文

五　読みたい本

六　私の読んだ本・概観

七　図書紹介・書評

八　感想文集

九　「読書」について考える

十　新しく覚えたことば

十一　私の読書生活の評価

十二　私の読書生活　読書と私

あと書き

図 1 - 2　「読書生活の記録」の目次

　目次の各項目の記入内容と、そこから考えられるねらいについて筆者が
整理したものが、表 1 - 1 である。

　表 1 - 1 を見ると、大村は、「読書生活の記録」に多様な内容を入れ、
読書技術の習得だけでなく、読書生活を高めることもねらっていたと考え
られる。これらの多様なねらいは筆者が目指すものと重なる。

表1−1 「読書生活の記録」の内容・ねらい

ねらい	「読書生活の記録」の項目		記入内容
年間の読書の計画を立てる	1	私の読書計画	・読みたいジャンル、冊数、ページ
読書の習慣をつける	2	読書日記（4月～3月）	・月日、書名、読み始めたページと読み終わったページ、読んだページの累計、ひとこと（1日1行）
新聞・雑誌とその他の紹介や書評を見る習慣を養う	7	図書紹介	・書名、著者、紹介書評の筆者、何に出ていたか、月日
読書技術を身に付ける	3	読書ノート	・読みごたえのあった本について ・書名、著者、発行所、分類番号、読み始めた日と読み終わった日、大意・筋・要点、この本から学んだこと、学習との関係、疑問・問題点、感じたこと
	4	感想文	・長い感想
	10	新しく覚えたことば	・語句、こんな文脈のなかで、何に出ていたか、月日
読書意欲・態度をもつ	5	読みたい本	・書名、著（訳）者、発行所、定価、備考、月日
	6	私の読んだ本・概観	・分類
	8	感想文集	・書名（著者）（どの本についての感想文か）、筆者（感想文を書いた人）、何に載っていたか、要旨か切り抜きか、ページ、月日 ・他の人の感想文
	2	読書日記（4月～3月）	・月日、書名、読み始めたページと読み終わったページ、読んだページの累計、ひとこと（1日1行）
読書の意義を考える	9	「読書」について考える	・題、筆者、何に出ていたか、ページ、月日
読書生活を自己評価する	11	私の読書生活の評価	・月ごとの自己評価 各項目（読書の習慣、読書の時間、読書の内容、読書日記、感想、図書館の利用、紹介・書評など集め、意見を交換し合ったか、読んだ本、何冊増えたか、読みたい本、何冊増えたか、特別目標）について（箇条書き）
	12	私の読書生活 読書と私	・文章による読書生活の自己評価
自分の読書の目標を決める	11	私の読書生活の評価	・自分の読書生活の向上のために目標にしたいこと

第3項　先行研究における「読書力」の検討

　読書の力に関する先行研究には、大村（1984b）の他に、系統的・具体的な力を設定している昭和26年版学習指導要領「読むことの能力表」や嶋路（1974）の「長編の読書能力」、増田（1997）の読書能力、安居（2005）の「読書力・読書生活力」、吉田（2010）の「優れた読み手が使っている方法」、阪本一郎・滑川道夫・輿水実・倉澤栄吉の研究を取り上げて考察した古市（2011）の「自立的な読書人に必要な力や態度」等がある。昭和26年版学習指導要領と嶋路（1974）、大村（1984b）、増田（1997）、安居（2005）、吉田（2010）が示した具体的な力を、古市の「読書技術」「読書活動への積極的な態度」「いろんな本やテクストを読む」「読書環境の利用」「読書環境を創造する」「読書習慣」に分類し、さらに「読書技術」を筆者が設定した「読書設計力」「選書力」「読解力」「活用力」に分類した結果、次のことが明らかになった。（　）は、各先行研究で示された力の数に対する割合である。

・先行研究で示された力の中では、「読書技術」が最も多い〈昭和26年版学習指導要（67%）、嶋路（80%）、大村（96%）、増田（75%）、安居（62%）、吉田（100%）〉。

・「読書技術」の中では「読解力」が最も多い〈昭和26年版学習指導要領（65%）、嶋路（67%）、増田（64%）、安居（50%）、吉田（100%）〉。

・安居が示している力で特徴的なことは、他の先行研究と比べて、「読書活動への積極的な態度」（30%）が多いことと、読書技術の中で「活用力」（25%）が多いことである。

・大村の「読書技術」では、「読書設計力」が35%、「読解力」が33%、「活用力」が18%、「選書力」が14%示されている。注目すべき点は、他の先行研究と比べて、「読書設計力」が最も多いことと、「読書技術」の4つの力のバランスが取れていることである。

　以上の結果により、現在の読書指導であまり重視されていない「読書技術」、その中でも「読解力」が多いことが明らかになった。「読解力」は、様々な本や文章を読むために重要な力であるため、「読書力」の一つとして捉

えたい。従来の国語科教育のように読解と読書を切り離して指導するのではなく、読書においても「読解力」を身に付けるよう指導していくことが必要であると考える。ただし、「読解力」の捉え方を変えなければならない。従来通り、教科書教材を場面ごとに区切って時間をかけて心情中心に読み取る力ではなく、前述したリテラチャー・サークルで目指される力であるべきであろう。

　また、安居の「読書活動への積極的な態度」や大村の「読書設計力」は、児童が読書を継続していくために不可欠である。さらに、安居の「活用力」は、読書から、話したり書いたりする表現活動へと発展させ、他教科でも活かすことのできる力を身に付けさせることができるだろう。

第4項　読書指導で身に付けさせたい「読書力」

　先行研究の考察により、読書指導で身に付けさせたい「読書力」を図1－3のように捉えることとする。

　読書力は、「読書技術」と「読書活動に対する意欲・態度」「読書習慣」を含む力と定義したい。

○読書技術

　「読書設計力」は、自分の読書の計画を立てる力（読書の時間、読む本、目標冊数・ページ数等を考える力）、自分の読書のし方の成果・課題を捉え、次の目標を考える力であり、読書生活を高めるために必要な力である。

　「選書力」は、主体的に読書をしていくために必要な力である。例えば、本の分類・題名・目次を見て選ぶ力、好きなシリーズ・作者・おすすめの本などから選ぶ力である。自分の好きな本を選ぶこと、国語科教材に関連した本（同じ作者の本や同じテーマの本）を選ぶこと、目的に応じて必要な本を選ぶこと、長編や幅広い種類の本や文章を選ぶことができるようにしていきたい。

　「読解力」については、叙述への着目、叙述の比較・関連づけのできる「情報の取り出し」、「解釈」（叙述に基づく「解釈」と自分自身の中にある根拠を語る「解釈」）、人物や作品に対する「熟考・評価」、自分と関連づける「熟考・評価」に分類する。自分と関連づける「熟考・評価」を加えたのは、

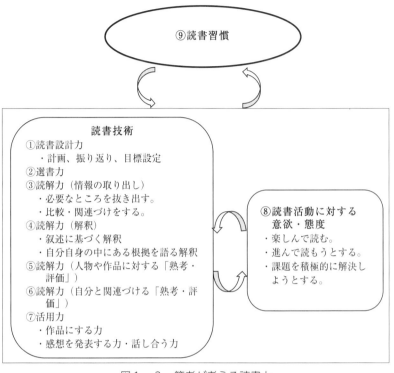

図1-3　筆者が考える読書力

人物や作品に対する感想（例：○○は……したから～と思った。……と表現
されているところが面白かった）をもつだけでなく、リテラチャー・サーク
ルの話題のように、本と自分とのつながりをつくることにより人物に寄り
添うこと、自分自身を見つめ自分の行動について考えることも重視したい
と考えるからである。

　「活用力」は、学習したことを活かして紹介カード・ポップ・帯等で表
現する力、感想文に書く力、リテラチャー・サークル等の読書会で話し合
う力である。

○読書活動に対する意欲・態度

　「読書活動に対する意欲・態度」には、楽しんで読むことや進んで読も

うとすること、課題を積極的に解決しようとすることなどが含まれる。

○**読書習慣**

　「読書習慣」は、日常生活で読む場所や時間を決めて本に親しみ、読書を続けるようになることである。「読書習慣」は、「読書技術」と「読書活動に対する意欲・態度」と密接に関係している。

　「読書技術」が身に付けば、それが自信となり、次に読もうという意欲が高まり、態度として表れる。「読書活動に対する意欲・態度」が育っていけば、様々な学びを吸収しやすくなり、「読書技術」も身に付いていく。そして、「読書技術」と「読書活動に対する意欲・態度」が形成されていくと、「読書習慣」も身に付いていくと考えられる。「読書習慣」が身に付くと「読書活動に対する意欲・態度」や「読書技術」は高まっていくだろう。

第2節　読書日記の考案

　A小学校5年1組に対して、リテラチャー・サークルと大村はまの「読書生活の記録」を活用して読書ノート（後に「読書日記」）に書く活動の実践を1年間行った。その結果、大村はまの「読書生活の記録」が、筆者の考える読書指導の改善点（「読書力の明確化」「連続的・系統的な読書活動」「書く活動・話し合う活動と結びついた指導法」「個に応じた指導法」）のすべてにおいて有効であることが明らかになった。

　そこで、筆者が目指す「読書力」に沿って、大村はまの「読書生活の記録」の中で、小学生が年間を通して書くことのできる最小限の内容（「私の読書計画」「読書日記」「読書ノート」「私の読書生活の評価」「読書と私」）を取り上げ、従来のものとは異なる「読書日記」を考案した。

　表1−2は、大村の「読書生活の記録」から取り入れたことと筆者が変更した点を示したものである。

表1－2　筆者が考案した読書日記

大村の「読書生活の記録」 （記入すること）	大村から取り入れたこと	筆者の変更点
私の読書計画 （月、読みたい本、目標ページ、目標冊数）	読みたい本や目標ページ、目標冊数を書く。	月ごとではなく、いつでも自由に書く。
読書日記 （月日、書名、ページ、ひとこと：1日1行の感想、感想は書いても書かなくてもよい）	1日1行でもよい。1冊の本を読んでいる途中でも書くことができる。	毎日ではなく、2日に1度程度、自由な文字数で書く。自分で選んだ本の感想の他に、教科書教材の内容に関連した本や、読書生活について書くこともできる。
読書ノート （書名、著者、発行所、分類番号、読み始めた日と読み終わった日、延べ時間、大意・筋・要点、この本から学んだこと、学習との関係、疑問・問題点、感じたこと）	書く項目を示す。 思うままに自由に書く。	教師が示した項目をすべて書くのではなく、選んで書く。 これまでに学習した読み方から選んで書く。
私の読書生活の評価 （評価項目・自分の読書生活の向上のための月の目標）	振り返る項目を示す。	メモではなく、文章で書く。 月末ではなく、いつでも自由に書く。
読書と私 （文章による読書生活の自己評価）	文章で自己評価をする。 いつ書いてもよい。 1年の終わる頃に書く。	年に2〜3回は、一斉に書く日を決めて書く。 読書日記を読み直し、書く内容の例（自分の変容や読書に対する思い等）から選んで書く。

第3節　小学校教育における「読書日記指導」

第1項　読書日記指導の構想

　「はじめに」で述べた読書指導の課題解決に向け、日常の読書や国語科授業において以下のように取り組む。

（1）読書力の明確化

　筆者が考える読書力に基づき、肯定的評価やアドバイスを読書日記に朱

書きしたり、児童と対話をしたりすることにより、身に付いた読書力を児童と教師が具体的に捉えられるようにする。

（2）連続的・系統的な読書活動

　1回の書く量は少なくてもよいので、年間を通して、読み取ったことや自分の思い・考えを素直に表現できるようにしていく。継続していくためには、教師が児童の実態や目的に応じて書き方の例を示したり、児童の書き方を紹介したりして児童の書く意欲を高めることが必要である。年間を通して一人一人が多様な読書力を身に付け、自分の読書力の伸びを実感できるよう指導・評価の改善を図っていく。

（3）書くこと・話し合うことと結びつけて読書力を形成する指導法

　一人で読んで書くだけでは、読書は閉ざされたものになってしまう。自分の読みを他者に開いていき、共に学び合うことが多様な読書力の形成に有効だと考える。そこで、友達同士で読書日記を読み合い感想を交流したり、読書日記に書いたことを基にリテラチャー・サークルのような読書会で話し合ったりすることができるようにする。また、感想交流や話し合いで学んだことを活かして、さらに本を選んで読み、読書日記に書くことができるようにしていく。

（4）個に応じた指導法

　児童の読書力には大きな個人差がある。そこで、個に応じて、選書や読み方、読書のし方等について、朱書きや読書日記を基にした対話により指導していく。

　具体的な手立てとして注目したものが、大村はまの「手びき」である。長い年月の間、中学校で国語科教育の実践者であった大村は、できない子だけでなく、できる子のことも考え、一人一人の生徒に応じる「手びき」を作成した。

　読書日記への朱書きは、大村の「てびき」を参考にして、以下のように行っていく。

・読書力の中でできているものに対しては、それが表れた文章に波線、花丸をつけ、可能な限り肯定的なコメントを朱書きするよう努める。どのような読み方・書き方ができたか、どのような考え方ができたか、どのような読書生活ができているかなどについて書く。

例
> ……な読み方ができましたね。
> ……に読んだところがよいですね。
> ……を分かりやすくまとめることができましたね。
> ……について考えることができましたね。
> ……に読書をしているのですね。　など

・感想を引き出したり深めたり広げたりするための書き出しの言葉を書く。

例
> なぜ、……ことができたのかと思うと……
> どうしてそう思ったかというと……
> ○○を他の言葉で言うとしたら……
> やさしいところは他にもあって……
> ○○の本の登場人物と比べると　など

・児童が読んだ本を教師も読んでいる場合は、教師の感想を伝え、自分の感想と比べさせる。

・分からないことについては質問を書き、児童がそれに答えるようにし、ノートを通した対話ができるようにする。

・読書に対する児童の悩みや質問があった場合は、それに対しアドバイスをする。

・本を紹介したり本の読み方を助言したりする。

例
> ○○の本を読んでみてください。
> ……に読むとよいですね。など

・読書の良さが感じられるように、教師の思いを伝える。

例
> ○○を読むと……ことを感じることができますね。など

　これらの朱書きとともに本や読書生活について児童と対話し、児童の様

子や思いを理解することも必要である。対話により具体的な助言ができるようにする。

　以上の（1）〜（4）を踏まえ、読書日記指導の4つの視点を設定する。
①個に応じた教師の朱書き
　児童の身に付いた読書力を認め褒めたり、助言をしたり、感想を深めたいことについて質問や書き出しの言葉を書いたりする。
②児童の自己評価
　自分の読書生活や読書日記を振り返り、読書日記に自分の課題や伸び、目標などについて書く。
③教師と児童との音声による対話
　休憩時間に本の選び方や読書に対する思い、読書の様子等について対話する。
④学級に対する教師の取り組み
　児童の読書日記を朝の会や国語の授業で紹介したり、教室に展示して読み合ったりする。

第2項　読書日記指導の目的と方法

　読書日記指導の目的を以下のように設定する。

> 日常の読書指導や、国語科「読むこと」の教科書教材と関連させながら行う指導において、読書活動に対する意欲・態度、日常の読書に機能する読書技術（読書設計力・選書力・読解力・活用力）、読書習慣を形成する。

　以下に読書日記指導の具体的な方法を示す。

（1）読書日記との出会い

　読書日記との出会いは、年度初めの国語科「読むこと」の授業で行う。
　まず、ノート（国語ノートと同様のマス目ノート、高学年の場合は罫線のノート）を示し、「読書日記」という名前のノートであることを伝える。
　次に以下の内容を児童に伝える。

○「日記」には、自分のしたことや見たこと、聞いたこと、想像したこと、考えたことを書くが、「読書日記」には、本を読んで思ったことや読書について思うことを書く。

○読書日記には1冊の本を全部読んで感想文を書くだけではなく、読んでいる途中でもそこまでの自分の素直な感想を書く。また、自分の読書力の伸びや今後の読書の目標についても書くことができる。

○読書日記では、書く量は決まっていない。少なくてもよいし、書きたければ多く書いてもよい。

○読書日記を1年間書き続けると、次の良さがある。

・本の読み方が分かるようになる。

・書くことに慣れ、自分の素直な思いを書くことができるようになる。

・自分の読書のし方について考え、目標をもって読書をしようとする。

・自分のことを見つめ直し、これからの行動について考えられるようになる。

・友達と本のことで話ができるようになり、仲が深まる。

・本を読む習慣がつき、本が好きになる。など

（2）読書日記の書き方

○基本的に書き方は自由であるが、初めて読書日記を書く時には、「読書日記の書き方のてびき」（図1-4）を配布し、読書日記の表紙裏に貼

① 本の中のすきな文章や心にのこった文章をうつしましょう。

② 本の中のすきな場面、心にのこった場面の絵をかきましょう。

③ 本を読んで思い出したこと（自分がこれまでにけいけんしたこと、テレビやえいがで見たこと、本を読んだことなど）を書きましょう。

④ 本を読んでふしぎに思ったことや心にのこったことを書きましょう。

⑤ とう場人物のせいかくをしょうかいしましょう。

⑥ 自分の読書生活をふり返りましょう。（自分はどんな本を読んでいるか。いつ読んでいるか。どれくらいの時間読んでいるか。どんなしゅるいの本がすきか。なぜすきか。）

図1-4　読書日記の書き方のてびき（中学年）

よいとおもったときのことば	よくないとおもったときのことば
①すなおだ	①ざんねんだ
②かわいい	②くらい
③つよい	③すなおでない
④やさしい	④いばっている
⑤しんせつ	⑤わがまま
⑥あかるい	⑥ひどい
⑦えらい	⑦つめたい
⑧かしこい	⑧おかしい
⑨かんがえている	⑨たいせつにしていない
⑩いっしょうけんめいだ	⑩きずつけている
⑪がんばった	⑪たよりない
⑫すきだ	⑫よわい
⑬びっくりした	⑬がっかりする
⑭ゆうきがある	⑭はらがたつ
⑮ただしい	⑮かなしい
⑯たのしそう	⑯くやしい
⑰うれしそう	⑰さびしい
⑱よろこんでいる	⑱つらい
⑲うきうきしている	⑲こわい
⑳まんぞくしている	⑳いやだ
㉑いいきもちになっている	
㉒あたたかいきもちになる	
㉓だいじにしている	
㉔なかがいい	
㉕たよりになる	
㉖かんどうした	

図1－5　かんそうのことば（低学年）

よいと思ったときの言葉	よくないと思ったときの言葉
・読み返したくなる	・うんざりする
・楽しめる	・おかしい
・教わる	・悲しい
・なみだが出そうになる	・ざんねんである
・引きこまれていく	・暗い
・むねをうたれる	・すなおでない
・さんせいする	・いばっている
・じんとくる	・自分勝手
・すぐれている	・ひどい
・そんけいする	・つめたい
・すなおである	・はげしい
・ど力している	・むせきにん
・強い	・変わっている
・一生けんめいである	・しつれいである
・熱中している	・ざんこくである
・おちついている	・大切にしない
・おだやかである	・きずつけている
・あたたかい	・わかっていない
・あこがれる	・自信がない
・勇気がある	・たよりない
・やさしい	・弱い
・正しい	・まちがっている
・すきである	・さんせいできない
・よく分かる	・はらが立つ

図1－6　感想の言葉（中学年）

らせる。このてびきには、筆者が定義した読書力の中の読書技術（読書設計力・読解力）を身に付けさせるものが含まれている。てびき①が読解力（情報の取り出し）、③が読解力（自分と関連づける「熟考・評価」）、④が読解力（人物や作品に対する「熟考・評価」）、⑤が読解力（解釈）、⑥が読書設計力を身に付けさせるためのものである。読書日記を書く際にはこのてびきを参考にし、書きたいことを選ぶことができるようにする。また、本の内容に応じて書きやすい方法で自由に書くこともできるようにする。

○感想を書くためには、それを表現するための語彙が必要である。児童が感想の語彙を広げ、自分の思いを書くことができるようにするために、井上（2005）の「感想・評価の基本語彙」を基に、学級の児童から出てきた言葉を加えて「かんそうのことば」（図１−５）、「感想の言葉」（図１−６）、「感想・評価の言葉」（図１−８）を作成する。そして、それを読書日記の表紙裏に貼らせる。授業や読書日記の中で児童から感想や評価の言葉が出された場合はその都度カードに書いて教室に掲示していく（図１−７）。

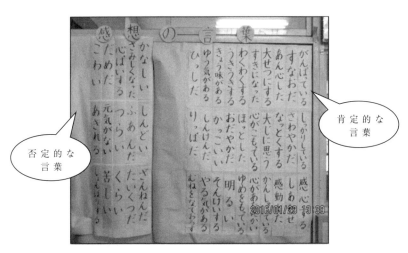

図１−７　感想の言葉（教室掲示）

肯定的		否定的	
・真けんに取り組んでいる	・素直である	・消極的である	・不完全である
・まじめである	・専門的である	・受動的である	・むじゅんする
・きちょうめんである	・名人である	・情がない	・失礼である
・れいぎ正しい	・大切にしている	・厳しい	・ざんこくである
・きびしい	・じゅんすいである	・きつい	・ひきょうだ
・ちょう戦している	・あこがれる	・おかしい	・大切にしない
・努力している	・自信に満ちている	・悲しい	・きずつけている
・強い	・おもしろい	・残念である	・きずつきやすい
・才能がある	・勇気がある	・いいなりになる	・わかっていない
・情熱的である	・やさしい	・い圧的である	・自信がない
・一生けん命である	・正しい	・プライドが強すぎる	・たよりない
・熱心である	・理想的である	・暗い	・れっとう感がある
・熱中している	・好きである	・反抗する	・おとっている
・夢中になっている	・尊敬する	・対立する	・弱い
・積極的である	・りっぱである	・素直でない	・人の評価を気にする
・前向きである	・かっこいい	・みえを張る	・さびしい
・物静かである	・さわやか	・いばっている	・まちがっている
・おちついている	・すばらしい	・負けずぎらい	・賛成できない
・おだやかである	・知的である	・自分勝手	・あまく見ている
・こだわりがある	・正義感が強い	・自己中心的	・いけない
・プライドがある	・長所がある	・ひどい	・納得できない
・あたたかみがある	・すぐれている	・つめたい	・腹が立つ
・愛情がある	・納得する	・はげしい	・許せない
	・うなずける	・無責任	
	・よく分かる	・ぎせいにしている	
	・賛成する	・混乱している	
	・印象に残る	・中と半ばである	
	・成長している	・変わっている	
	・許せる		

図1-8　感想・評価の言葉（高学年）

（3）読書日記の使い方

　読書日記の基本的な使い方を3つ示す。

> ①読書力を身に付け高めるために、主に家庭で、読書日記に読み取ったことや自分の思い・考えを書く

　読書日記を家庭で書く時には、教師が国語科の学習と関連させたり読書生活の向上を目指したりするために出した宿題として書く場合と児童が進んで自由に書く場合がある。

　児童は、読書日記を書いていく中で、教師の肯定評価やアドバイスにより、様々な読み方や書き方、考え方を身に付けていく。

②読書日記を基に児童同士で交流する

　浅い読み方をしている場合でも、友達と交流することで自分の考えを深めたり広げたりすることが可能となる。読書や読書生活に対する考え方についても、友達と交流することで新たなことに気付いたり、改善しようという意欲をもったりすることが可能となる。
　交流の方法としては、朝の会や帰りの会で教師が児童の読書日記を読み、学級で感想を出し合うことや、学級通信・読書通信等で紹介された読書日記を読み合い、感想を出し合うこと、教室に読書日記を展示し、読み合い、感想を付箋紙に書いて伝えることなどがある。

③国語科の授業で読書日記を活用する

　国語科「読むこと」の読解の場面や言語活動で、読書日記に書いたことを基に、話し合ったり、本の紹介のためのカード・リーフレット・パンフレット・ポスター・新聞等を作ったり長い感想文を書いたりする。日頃から書き溜めているものがあれば、自分の考えをしっかりともって友達と伝え合うことや、意欲をもって説明や紹介等の表現をすることができる。

　本章では、読書力を明確にした上で考案した読書日記と読書日記指導の目的・方法を示した。次章からは、できるだけ多くの児童の読書日記を取り上げ、読書日記指導の成果について具体的に紹介していきたい。

第2章　読書日記の実践理論

　読書日記指導は、2011年度からA小学校5年生の学級で始まった。その成果を踏まえて、次年度は、B小学校の3年2組38名に対して指導の改善を図っていった。本章では、3年2組における1年間の読書日記の実践と児童一人一人の読書日記の変容を示し、「読書力」を形成するための読書日記の実践理論を明らかにしたい。

　読書日記指導を始めるにあたりまず、児童の読書日記の表紙裏に、第1章で示した「読書日記の書き方のてびき」（図1-4）を貼らせ、それを参考にしながら1日おきのペースで自由に書くことができるようにした。

第1節　4つの視点による指導

第1項　指導方法
　第1章で示したように、読書日記指導の視点として以下の4点を設定した。

（1）個に応じた教師の朱書き
　従来の読書ノートや読書日記では、読書意欲や読書態度の育成を重視することが多かったが、筆者はそれらと共に、定義した読書力を基に具体的な読書技術の育成もねらう。そのために、国語科でこれまでに学習した「読み方」と児童の読書日記に表れていた「読み方」を教室に掲示し（図2-1）、日常の読書においても活用できるようにした。

①おもしろいところ、すきなところ、ふしぎなところ、感動したところ、
　疑問に思うところなど
②人物関係、他の人物に対する登場人物の思い
③人物の気持ち、人物の気持ちの変化
④人物同士をくらべる。
⑤大切なこと、学んだこと
⑥自分の考えが変わったこと
⑦作者が伝えたいこと
⑧本の内容や表現に対する思い
⑨自分と人物をくらべる。
⑩自分だったら……と考える。
⑪思い出したこと
⑫これまでの自分、今の自分、これからの自分

図2－1　読み方

図2－1の読み方を読書力と対応させると以下のようになる。
　　読解力（解釈）……読み方②③④⑤⑥⑦
　　読解力（人物や作品に対する「熟考・評価」）……読み方①⑥⑧
　　読解力（自分と関連づける「熟考・評価」）……読み方⑨⑩⑪⑫

　上記の読書力と読み方を明確にした上で、朱書きを第1章で示した方法
で行った。

（2）児童の自己評価

　生涯にわたって学び続けていくためには、教師による評価だけではなく、
児童の自己評価も不可欠である。そこで、児童自身が以下の観点（図2－2）
を用いて読書日記の内容や書き方を振り返る場を設定し、自分の伸びや課
題を自覚し、次の読書の目標を決めることができるようにした。

・どんな読み方をよく行ったか。
・どんな本をよく読んだか。どんな本が好きか。
・家でよく本を読んだか。
・どれくらいの時間読んでいるか。
・読書に対してどう思うか。
・本をどのように選んだか。
・友達と本の話をしたか。など

図２－２　振り返りの観点

（3）教師と児童との音声による対話

休憩時間に、読書日記を基に児童の読書に対する思いや読書の様子、本の選び方等を聞き、助言したり適した本を薦めたりした。

（4）学級に対する教師の取り組み

児童の読書日記を学級で紹介したり読み合ったりすることにより、身に付いている読書力をみんなで共有し、認め合うことができるようにした。

第２項　国語科単元と読書日記

読書日記は、日常的に読書生活の様子や読書感想を自由に書くものであるとともに、国語科教材に関連した本を読み、書くものでもある。

表２－１は、第３学年国語科「読むこと」の教材と、児童が日常生活で読んだ本、一斉指導により読書日記に書いた内容について示したものである。

第３項　個の変容

３人の児童の読書日記（年間の一部）を取り上げ、個の変容を紹介する。

以下の読書日記の中の波線は筆者が引いた線であり、そこに花丸もつけた。そして、その部分や全体についてのコメントを朱書きした。Tは筆者が書いた朱書きである。※は筆者の指導や肯定的に評価することである。〈　〉は、筆者が考える読書力（図１－３）を示している。読書力①は読書

表2－1　年間の国語科・読書指導

月	国語科教材	日常の読書	読書日記の内容
5	「つり橋わたれ」 「ゆうすげ村の小さな旅館」	・同じ作者の本 ・ファンタジー	・不思議なところ、おもしろいところなど
7	「あらしの夜に」	・同じ作者の本 ・友達関係を描いた本	・これまでに学んだ読み方を基に作成した「読み方」（図2－1）から選択して
9	「読書案内」	・担任が薦める本 ・自分が自由に選んだ本	・友達の読書紹介カードを読んだ感想 ・自分の読書の振り返り
11 12	「モチモチの木」 「木かげにごろり」	・同じ作者の本 ・民話	・「木かげにごろり」の感想 ・民話のおもしろいところなど ・自分の読書の振り返り
1	「冬眠する動物たち」	・動物の冬眠に関する本	・分かったこと、驚いたことなど ・自分の本の選び方
2	「わにのおじいさんのたから物」	・おにが出てくる本	・あらすじ、人物の気持ち、人物に対する思いなど

　設計力、読書力②は選書力、読書力③は読解力（情報の取り出し）、読書力④は読解力（解釈）、読書力⑤は読解力（人物や作品に対する「熟考・評価」）、読書力⑥は読解力（自分と関連づける「熟考・評価」）、読書力⑦は活用力、読書力⑧は読書活動に対する意欲・態度、読書力⑨は読書習慣である。（　）は、読書日記指導の視点（①個に応じた教師の朱書き、②児童の自己評価、③教師と児童との音声による対話、④学級に対する教師の取り組み）である。

　児童の読書日記については、原則として原文に忠実に転記したが、紙幅の関係で改行を一部省略した。（以下の章も同じ。）

（1）A児の読書日記

　年度当初、A児は、植物や動物に関する本が好きであったが、長い文章を読むことは嫌いであった。筆者は、本を読むことに自信をつけさせるとともに、他の種類の本の読み方も身に付けさせることと、長い文章を読むことに慣れさせることも目指した。

○６月１日『人間図鑑』

　　人の体には体じゅうのやく60%にあたる水分があります。この水分がない
　と体のきのうは、はたらかないそうです。
　　とくにさいぼうをとりまいてるけつえきは海水ににているそうです。
　　人間の体はふくざつでふしぎがいっぱいだと思いました。

Ｔ：本とうにふしぎですね。本を読むと知らなかったことがわかりますね
　　（視点①）。

※具体的な数字を取り上げて説明し〈読書力③〉、内容に対する感想を書
　いた〈読書力⑤〉。学級の児童にこの日記を紹介し、本を読む良さを伝
　えた（視点④）。

○６月13日『タイのくらし』

　　タイと日本をくらべると、くらしがちがうことがわかりました。ちがうと
　ころは、日本は市場よりスーパーやデパートのほうが多いです。でもタイは、
　スーパーやデパートではなく市場のほうが多いです。
　　日本とちがっても大切な生活をおくっていると思いました。

Ｔ：外国のことも読んだのですね。先生もはじめて知ったよ。くらべたと
　　ころがいいですね（視点①）。

※この読書日記を書く前に、学級の児童に違う種類の本を読むことを勧め
　ると、Ａ児はこの本を選び〈読書力②〉、日本とタイの相違点〈読書力③〉
　と内容に対する感想〈読書力⑤〉を書いた。この読み方について学級の
　児童に紹介した（視点④）。

○６月26日『あるはれたひに』

　　この本を読んで、やぎがおなかをすかせたおおかみに食べられると思いま
　した。でも二人は友だちなので食べられません。
　　ぼくもおおかみみたいに友だちをせめたりいじめたりしたらいけないとこ
　の本でわかりました。

Ｔ：どうして、ちがうものどうしが友だちになれたのかというと───▶（視
　　点①）

※この本は、教科書教材「あらしの夜に」（学校図書）のシリーズの1冊
　である。A児は、本の登場人物と自分を重ね、友達への関わり方につい
　て書いた〈読書力⑥〉。さらに、違う者同士が友達になれた理由を書く
　ことができるように、筆者は、書き出しの言葉を朱書きした。A児はそ
　れに対して、「思っていることが同じだから」と書いた。

○7月6日『きりのなかで』

> 　「ああ、おいら、なんてこといっているんだ。いくらだいこうぶつでも、
> もうにどとヤギはくわないとメイとやくそくしたのに。」とやくそくし、友
> だちになった二ひきは強いきずなでむすばれていると思います。
> 　本当は、ヤギの肉が食べたいと思います。だけど、友だちを大切にする心
> の方がガブには強かったんだと思いました。
> 　メイもガブのやさしさが分かっていたから遠くにいても心はつながってい
> たんだと思います。
> 　いつまでもなかよくしてほしいです。

T：人物の関係を考えましたね（視点①）。

※人物の気持ちや人物関係を読み取ることができた〈読書力④〉。国語科「あ
　らしの夜に」の学習後、シリーズの中から選んで読んだ〈読書力②〉。
　筆者はこの日記を学級の児童に紹介した（視点④）。

○9月14日　いままでの読書日記をふりかえって（視点②）

> 　ぼくは、物語と図かんの本を読みました。さいしょは、本を読む事が苦手で、
> みじかい物語を読みました。だんだんと読む事になれてきて、長い物語も読
> めるようになりました。
> 　図かんは、「なぜ」「なるほど」を教えてくれるので好きです。ページの数
> が多くても、時間がかかっても、すらすら読む事ができました。
> 　ぼくは、本当にあった人物や、話の本が読めていないので、読んでみたい
> と思いました。
> 　本は色々なしゅるいがあります。だから少しずつ色々なしゅるいの本をか
> りて、たくさん本を読んでいきたいと思いました。
> 　そして、本を少しずつ読めるようになってからは、市の図書館によく行く
> ようになりました。たくさんのしゅるいの本があるので、これからも図書館

をり用していきたいです。

　ぼくのお気に入りは、「大きなありがとう」という本でした。「ありがとう」の言葉は、ふつうだけど、この本を読んで大事な言葉だということを学びました。それは、いわれた方もうれしいけど、言った方もいい気持ちになれる事です。心にひびき、読書日記を書いた中で一番いんしょうにのこっています。

T：読む力がのびてきていますよ。図書館に行くことはよいことですね。
　いろいろな本にであってください（視点①）。
※長い物語を選んで読むことができるようになった〈読書力②⑧〉。また、ノンフィクションの本を読みたいという意欲が表れていた〈読書力⑧〉。図書館を利用する習慣もついてきた〈読書力⑨〉。この日の読書日記を学級に紹介した（視点④）。その後、保護者の話によると、家庭ではみんなで読書をする時間を決め、自分の好きな本や新聞を読むようになったそうである。

○10月3日 『私の足は車いす』

　登場人物のアンナは、心が強い子です。アンナの車いすのすがたをじろじろと見る人がいてもアンナは気にしないから心が強い子と分かりました。ぼくはじろじろ見られたら、にげてしまいます。
　車いすの人を見かけたら助けたいです。

T：りっぱな生き方をしていますね。しょうがいをもっておられる人の生き方から学ぶことができましたね（視点①）。
※筆者が、国語科の教科書教材のシリーズとして学級の児童にこの本を紹介したところ、A児は進んで読むことができた〈読書力⑧〉。障害をもっている人物の心の強さを読み取り〈読書力④〉、自分の素直な思いと自分の在り方を書くこともできた〈読書力⑥〉。

○10月10日 『たいせつな伝記』

　ぼくは「宮沢賢治」の場面を読みました。宮沢賢治の家は質屋でしたが、宮沢賢治はぜったいに質屋になりたくないといって大人になりました。童話や詩を書き、ゆうめいな「雨ニモマケズ」と「銀河鉄道の夜」などです。宮沢賢治は「雨ニモマケズ」の詩のそのままに生きたいと願ったそうです。

Ｔ：伝記を読んだのですね。宮沢賢治の他の本も読んでみるといいです
　　ね。どんな人かよく分かるようになると思いますよ（視点①）。

※Ａ児は、伝記を選んで読んだ〈読書力②〉。

○10月28日『雪わたり』

> 　ぼくは、宮沢賢治の伝記を読んで、きょう味を持ち、この本をえらびました。
> 　四郎とかん子という兄妹がいました。雪のつもった日に森できつねをからかった歌を歌っていたら本当にきつねがやってきました。そして、きつねが二人にきびだんごをあげようとしたけど、かん子がきつねのきびだんごなんか食べれないといってしまいました。それは、大人たちが、きつねにたいして、悪いひょうばんをしていたので子どもたちは、きつねをしんようしていませんでした。きつねは自分たちは悪くないことをせつ明するために、二人を幻燈会にしょうたいしました。
> 　ぼくは、きつねの味方です。なぜならきつねは悪くないのに人間がかってにきつねが悪いときめつけたからです。
> 　幻燈会にでた二人はきつねの小学校できつねの子どもたちと、お酒によった人間のすがたのしょうこ写真を見ました。その後にきつねの女の子がきびだんごをさしだしました。四郎とかん子は、きつねにだまされてないか不安だったけど、きつねをしんようしてきびだんごを食べてみると、本物のだんごで、きつねは四郎とかん子にしんようしてもらってよろこびました。
> 　きつねは、幻燈会を開くまでずっとつらい気持ちでいたと思います。ぼくもきつねの気持ちになったらすごく悲しい気持ちになります。本当の事もしらないのにかってにきめつけてはいけないと思いました。
> 　四郎とかん子は、きつねの言いたいことが分かった本当はやさしい人間でした。ぼくも、友だちに悲しい思いをさせないようにやさしい人間になりたいです。

Ｔ：きつねの気持ちを考えましたね。決めつけないでおたがいに分かり合
　　うことが大切ですね（視点①）。

※人物を評価すること〈読書力⑤〉、人物の気持ちを想像すること〈読書力
　④〉、自分と関連づけること〈読書力⑥〉ができた。この読書日記を学級
　に紹介した（視点④）。

○11月21日「ぼくは何を」（詩集）

> 　たくさんある詩集の中で一番気に入った詩です。その部分は、「やさしさならお母さんがもっている」「勇気ならお父さんが」「賢さなら先生がもっている」「美しさなら道ばたの一本のタンポポがもっている」です。
> 　<u>表げんのし方がいいなと思いました。</u>何回も読み返したくなる詩でした。

Ｔ：みじかい言葉の中に思いがこめられていますね。好きな詩がふえていくといいですね（視点①）。

※国語科「詩を書こう」の学習をした時に、筆者は学級文庫や廊下のコーナーに詩の本を用意した。A児はそれらの中から本を選んで読み〈読書力②⑧〉、詩の表現に着目し、その良さを感じた〈読書力⑤〉。

○12月14日　ふり返り（視点②）

> 　読みながら、<u>その人物の気持ちがすぐ分かるようになったと思います。だから本を読むことが少し楽しくなりました。</u>
> 　図かんでは、「ふしぎ」に思ったことが一目でわかりました。
> 　本を読むということは、色々な作者の気持ちが分かったり、自分の気持ちとくらべられるので勉強になりました。

Ｔ：そうぞうする力がついたのですね（視点①）。

※振り返ることで自分の伸びと読書の良さを実感した〈読書力①〉。12月19日には、「本当にあった本を読みたい」と言いに来たので、学級文庫の伝記やノンフィクションを紹介した（視点③）。そして、『電池が切れるまで』（宮本雅史作　みやこしゆきな絵）を選んだ〈読書力②〉。母親によると、A児からこの本のことを聞き、貸してもらって読んだそうである。そして、感想を親子で話し合ったということである。

　A児は、教師の朱書きや学級での本の紹介、対話による本の紹介により、長編や詩、物語、ノンフィクションの本を進んで読むようになり、多様な読書力を身に付けることができた。

（2）B児の読書日記

　B児は授業中に、自分の考えを積極的に発言したり、友達の発言に対し反論や質問をしたりすることができていた。社会や理科の学習においては知識が豊富で、学級の友達から認められていた。この知識量は、読書量と体験の多さによるものと考えられた。しかし、自分の考えや感想を書くことは苦手だった。学校生活の中では、自分から進んで友達と関わることが少なかった。

　筆者は、読書日記によってB児の書く力を伸ばし、読書を通して友達関係を築いてほしいと考えた。

○５月16日『手ぶくろを買いに』

> 　子ぎつねが一人で夜なのに手ぶくろを買いに行った所が<u>勇気がある</u>と思いました。

Ｔ：人物についての自分の思いを書くことができたね。どうして買いに行けたかというと……（視点①）。

※それまでは、好きなところやおもしろいところを書いていたが、ここで初めて人物に対する自分の思いを書くことができた〈読書力⑤〉。さらに、もう少し考えて書かせるために筆者が「どうして買いに行けたかというと」という言葉を書き加えると、B児は、「手ぶくろがどうしてもほしかったからだと思いました」という理由を書いた。

○６月５日『くもの糸』

> 　ぼくはこの本をとおしていじわるなことをすると、いろいろわるいことがあることがわかりました。いいこともわるいことも見られていると思ったらがんばりたいです。

Ｔ：学んだことですね。むずかしい本を読んでいるのですね（視点①）。

※初めて芥川龍之介の本について書いた。ここでは、本から自分が学んだことやこれからの自分のあり方を書いた〈読書力④⑥〉。

○６月15日『お父ちゃんのすることはまちがいない』

> 　さいしょに馬とこうかんしたのはめ牛でなぜとりかえたかというとおいしいミルクを出すと思ったからだと思います。さいごくさったりんごをたる一ぱいもらってかえってかけにかって金がたる一ぱいになったのがおもしろかったです。わらしべ長者みたいな話でした。

Ｔ：他の本とにていたのですね（視点①）。

※５月16日は筆者の朱書きに対して理由を書き足したが、この日は、登場人物の行動の理由を自分で考えて書いた〈読書力④〉。また、結末の面白さを感じること〈読書力⑤〉、内容を他の本と比較すること〈読書力④〉ができた。以前に比べて文章が少し長くなった。

○９月８日『銀河鉄道の夜』

> 　ジョバンニが夜に夢の中でカムパネルラと出会いました。二人は知らないうちに、銀河鉄道に乗って星空を旅しました。カムパネルラは星にくわしくてよくいろいろなことをしっていました。ぼくが一番心にかんじるのはさい後カムパネルラが川におぼれてしまったところです。ぼくはそこが一番かなしかったです。

Ｔ：ほかの宮沢賢治の本も読んでみたらどうですか（視点①）。

※ここでは、一番心に感じたことを書いた〈読書力⑤〉。

　その後Ｂ児は、「星に興味があるのでこの話に引き込まれた」と言った（視点③）。

○９月15日　ふりかえり（視点②）

> 　ぼくは、今までいろいろな本を読んできたんだけど、よく読んだのはでん記やはつ明などの本です。どうしてそういう本がすきなのかというと、科学などがすきだからです。れきしなどには、いろいろどんなことをしたかがわかるからです。
> 　二つ目にすきなのはしょうせつなどです。どうしてかというとしょうせつは、ぼくにとっておもしろいからです。
> 　三つ目にすきなのは童話です。童話は、みんな、かんたんにしたしめるし

ぼくはたのしい気分になるからです。

　四つ目にすきなのは、せつめい文です。ぼくがなぜすきなのかというといろいろなことがわかるしどんなどうぶつとか分かるようになるからです。

　五つ目にすきなのはアニメぶんこです。これは、おもしろいところがあるし、とうじょうじんぶつと自分がくらべれるからたのしいです。

　これからもたくさん本を読みたいです。

T：自分の好きな本の種類とその理由を書くことができましたね。いろいろな本が好きなのですね（視点①）。

※この振り返りでは、本に対する自分の思いをしっかりと書くことができた。ここから、様々な種類の本を選んで読んでいることが分かる〈読書力②〉。また、この児童にとって読書は、楽しさを感じられるもの、いろいろなことを知ることができるものである〈読書力⑧〉。

○９月26日『月夜のけだもの』

　この本にはきびしいししや、おしゃべりのじょうずなくまやいいわけのへたなきつねやいいわけの上手なたぬきが出てきます。ある日きつねがにわとりをつかまえにいこうとしてししに見つかっておもしろかったです。

T：宮沢けん治の本を読んだのですね（視点①）。

※９月８日の筆者の朱書き通り、宮沢賢治の本を読み、読書日記に書いた〈読書力②⑧〉。

○９月30日『雪渡り』

　この本は、四ろうとかんこと小ぎつねのこんざぶろうときつねたちが出てきます。四ろうとかんこは、きつねの幻灯かいによばれて、きびだんごをたべました。ふつうきつねにむかしからだまされるってうわさだけど食べたのがおもしろかったです。ぼくもきつねの幻灯会へ行ってみたいです。

T：ふつうの話とくらべたところがよいですね（視点①）。

※引き続き、宮沢賢治の本を選んで読み〈読書力②⑧〉、他の本の話と異なる面白さを感じること〈読書力⑤〉、作品世界に参加したいと感じること〈読書力⑥〉ができた。

○10月3日『注文の多い料理店』

> このお話はだいぶの山おくで二人のわかい紳士がイギリスの兵隊のかたちをしている話です。そんな山おくにある西洋料理店なんだけどほんとは、きた人を食べるからおもしろかったです。<u>ふつうなら、ぎゃくに食べているけど、どうぶつの気持ちになれる</u>おすすめの1さつです。

T：ふつうとはぎゃくなところがかわっているね。宮沢けん治の本をつづけて読みましたね（視点①）。

※続けて宮沢賢治の本を選んで読み〈読書力②〉、「おすすめの1さつ」が見つかったと書いている〈読書力⑧〉。ふつうとは違う話の展開の面白さを感じていた〈読書力⑤〉。後でB児とこの本について話をしたときに、B児は「ねこは動物の代表。人間が動物にひどいことをしたので、しかえしをした」と言った。紳士だけでなく、山猫の視点からも物語の内容を考えていた〈読書力④〉（視点③）。

○10月5日『坊ちゃん』

> ぼくが読んで坊ちゃんが一番いたかったのは、西洋ナイフで親指を切った所だと思います。ぼくだったら自分の親指を切ってみろっていわれてもやらないと思います。
>
> 話の中では、坊ちゃんが紙の三円を、トイレの中におとしてしまったのを、竹のぼうで取ってくれたお清はやさしいと思いました。<u>ぼくもお清みたいにしっかりしていてまわりのこともつねにできる人になりたいです。</u>

T：「ぼくだったら」と考えること、これから自分がどのようにしたいかを考えることができましたね（視点①）。

※宮沢賢治の本の次に夏目漱石の本を選んで読んだ〈読書力②〉。人物に対する思いを書くこと〈読書力⑤〉、自分だったら……と考えること、自分の目指す人について書くこと〈読書力⑥〉ができた。

○10月31日　『はしれメロス』

> 　ぼくの1つ目のすきなとこはどうしてもともだちをまもろうとするところです。どうしてかというと、ちゃんとなかまをたいせつにしているとかんじたからです。
> 　ぼくはいままでともだちはどういうものかをかんがえたことがなかったけど、かんがえてみたらしんじれる友だちがいるとたくさんいいことがあって、いろいろな一人ではできないことができるとかんじました。
> 　またこれからも太宰治さんの本などをよんで、いろいろなことにやくだてていきたいです。この本は、ぼくにとって1つのいいところがあるとおもいます。どんなことがあってもともだちのことでがんばっていたからです。ぼくだったらそんなにがんばるのはむりだと思います。

Ｔ：ふかく考えることができるようになったね（視点①）。

※好きなところを見つけ〈読書力⑤〉、友達について考えるようになった〈読書力⑥〉。これまで本の面白さを感じていたが、ここでは、「本などをよんで、いろいろなことにやくだてていきたい」と書くようになった〈読書力①⑥〉。この読書日記を学級で紹介した。

○11月1日『吾輩は猫である』

> 　この本は猫が主人公になっていてなかなか猫は主人公じゃないからおもしろかったし主人が「そんなにその猫が入ってくるのであればいれなさい。」といったところで思わずわらってしまいました。なぜなら、猫はふつうおいだされるとおもっていたからおもしろかったです。

Ｔ：ふつうとははんたいになっているとおもしろいですね（視点①）。

※夏目漱石の本を読んだ。これまで読んだ本と同様に、ふつうではないことや、猫の目から描かれていることに面白さを感じていた〈読書力⑤〉。また、「思わずわらってしまいました」のように、物語の世界に入り込んでいた〈読書力⑧〉。

○11月24日……対話の中で（視点③）
　B児は研究者になりたいという夢をもっていた。

登校したB児と自然のことについて話をした後、B児は「今日は花丸をつけてもらえるようにがんばって漢字を書いてきた」と言い、漢字ノートを提出した。自分から提出することは珍しく、確かにいつもに比べてとても丁寧だったので花丸をつけて返した。そして、研究者になることについての話になった。B児は、「話すときにはいくらでも言葉が出てくるけど書くことは難しい」と言った。しかし、筆者が「研究者になるためには書く力も必要だよ。読書日記は書けてるから他の書くこともがんばろう」と言うと笑顔でうなずいた。

○11月30日……対話の中で（視点③）
　B児に宮沢賢治の本を読んだ理由を聞くと、小さい頃から母親が宮沢賢治の本の読み聞かせをしてくれていたことや、東日本大震災の後に、母親がさりげなくB児の本が置かれたところに宮沢賢治の本を置いてくれていたこと、その頃、『雨ニモマケズ』の朗読を聞き、図書館で宮沢賢治の伝記を読み始めたことを教えてくれた。また、他の児童があまり読まない夏目漱石や芥川龍之介を読む理由を聞くと、他の本の中にたまたまあって夏目漱石の本を読んだこと、図書館で芥川龍之介の本をとって読んだことを教えてくれた。今はパソコンで検索して、推理小説を選んでいることも教えてくれた〈読書力②⑧〉。

○12月３日『青い花』

> 　ぼくはこの本を読んで、よくばって、金がもうかったからと言っても、たのみは聞かなくてはいけないし、物を作る時には、気持ちをこめて、大切に、きれいに作って言われたことは、やらなくては、ならないと思います。ぼくは、よくばらないように気をつけたいです。
> 　さい後の場面で、女の子がていねいにする心を思い出させたように感じました。そこで安心しました。
> 　しょうかいありがとうございました。

Ｔ：先生もそう思います。よく読み取れますね（視点①）。
※この本は筆者が紹介した本である。これまで高学年に薦めた本であった

が、B児にこれを渡すと、進んで読み〈読書力⑧〉、読書日記に書いてき
た〈読書力④⑤⑥〉。

○12月5日……対話の中で（視点③）

　B児は、「夏目漱石が好きで、小説も書きたい」と言った。『坊ちゃん』
が一番印象に残った本だそうだ。「宮沢賢治の『銀河鉄道の夜』の本は2
冊読んだ」と言い、その2冊の違うところを教えてくれた。そして、「今、
読みたい本は、一番悲劇の動物物語だ。本屋で本を半分くらいめくりその
ような本があることを知ったので、図書館で探す」と言った。筆者が、悲
劇の動物物語の一つとして『少年少女シートンの動物記1・スプリング
フィールドのキツネ』（シートン著　白木茂訳）を紹介するとB児は興味を
もった〈読書力⑧〉。

○12月16日『スプリングフィールドのキツネ』

> 　（前略）そのうちりょうしがよくもりにいって、にわとりをぬすんだきつ
> ねをさがします。そして、子ぎつねを4ひきつかまえました。そのうち3び
> きをいぬがころしてしまいます。そして、のこった一ぴきをどうぶつえんか
> どこかにうろうとします。そして母ぎつねがたすけようとするんだけれど、
> たすけれませんでした。
> 　さいご、どくのついたあたまのにくをたべさせ母ぎつねがころして、それか
> ら母ぎつねもすがたをあらわさなくなったというお話ですが、ぼくは、たぶん
> さいごまで子どもといっしょにいたかったからだとおもいます。

T：子どもが人間につかまったので、このままではいけないと思ったので
　　しょうね。母が子をころしましたが、それも母のあいじょうなのでしょ
　　う。子どもを人間から守るためだったけれど、つらかったでしょうね
　　（視点①）。
※親の愛情を読み取ることができていた〈読書力④〉。

　以上のようにB児の読書日記を学級の児童に紹介したり、B児と読書の
ことについて対話したりするうちに、他の児童が、B児の傍へ行き、本に

ついて話しかけたり、B児と本を一緒に読み、本の内容について話をしたりするようになった。B児も本によって少しずつ進んで友達と関わるようになった。読書日記の記述からは、話の重要なことを深く読み取ったり登場人物の姿から自分の今後の行動について考えたりしていることを捉えることができた。

（3）C児の読書日記

　C児は、長い間、同じ本を繰り返し読むことが多く、読書日記の書き方はほとんど同じであったが、２月になってから文章の書き方が変わった。

○２月14日『こんちゅう』

> 　ぼくは、こんちゅうをよみました。ぼくは、こんちゅうがすきだからこの本をとしょしつからかりました。
> 　こんちゅうの本を見たらこんちゅうのなまえがよくわかります。あとこんちゅうのからだやこん虫の力などをおしえてくれるのでこん虫の本がすきになりました。

Ｔ：他のこんちゅうの本も読んでみてください（視点①）。
※C児は、昆虫の本を読む良さを感じ、さらに読む意欲を高めたようだった〈読書力⑧〉。その後、筆者は、昆虫のシリーズの本を見せながらこれまでに読んだ昆虫について話を聞き、読みたいものを選ばせた（視点③）。

○２月20日『カブトムシ』

> 　ぼくは、先生にかりて「カブトムシ」を読みました。さいしょの場面はカブトムシがでてきて木にのぼっていてそのしゅんかんにとびました。カブトムシのとびかたがしゃしんを見てよくわかりました。カブトムシははなでみつをさがすからみつの所がすぐわかります。
> 　でも、メスのとりあいがあってもしカブトムシの１ぴきがまけたらカブトムシがメスをもらってけっこんしてたまごをうみます。
> 　カブトムシのオスはすぐしぬけど、メスはけっこんしたらたまごを土の中にうめにいくのでオスよりメスのほうがながいきをします。また新しいようちゅうがうまれます。

T：たしかにしゃしんがあると様子がよくわかりますね（視点①）。

※C児は、長い文章を読み取ることはまだ難しかったが、写真を手掛かり
　にして内容を読み取っていた〈読書力③〉。書く内容が詳しくなったので、
　休み時間に、読書日記が変わってきたことを褒めた（視点③）。

○3月10日『宮島の植物と自然』

> 　ぼくは宮島の植物と自然という本を読みました。この本は1年生くらいに
> もらった物でこの本はいろんな物やいろんな花がどこにあるかをおしえてく
> れます。
> 　ぼくもこの本の中の花や物をさがしてみたいです。

T：植物にもきょうみをもつようになりましたね。ぜひさがしてみてくだ
　さい（視点①）。

※家にある植物の本を選んで読み〈読書力②〉、自分のしたいことを書いた
　〈読書力⑥〉ので、昆虫シリーズと同様の植物シリーズを紹介した（視点③）。

○3月14日　新聞

> 　ぼくはむれでよく鳴き体をすりすりという新聞を読みました。
> 　そのどうぶつはドールというなまえです。ドールは中がた犬ほど上位おす
> すめのイヌ科の動物でインドや東南アジア、中国に生息します。
> 　ぼくはこの新聞を読んだ時にさいしょドールという動物をしりませんでし
> た。でも新聞を読めばドールという動物がわかりました。

　3月14日は、学級の児童に、動物や植物、車、防災、野球等の新聞記事
を複数ずつ用意し、その中から自分の興味のあるものを選んで読ませた。

　C児は、植物ではなく、動物を選んで読み、今までよりもしっかりとし
た筆圧で丁寧に読書日記を書いた。学級では、同じ新聞記事を読んだ者同
士で読書日記を基に読書会をした。M児はC児の発表に対して、「自分も
ドールがイヌ科の動物で、インドや東南アジア、中国に生息することが分
かった」と言ってくれた。

　昆虫が好きだから図書室から本を借りたという事実をC児の読書日記か

ら知った時に、筆者は、昆虫についてC児と対話することやC児に本の紹介をすることができるようになった。その後、C児は自分の選んだ本や新聞記事から新たな知識を得て読書日記に書くようになった。

　C児の変容から、教師が児童のこれまでと異なる内容や書き方に注目した時、児童の実態や興味に応じて対応していくことが重要であることが分かる。実際には、C児のように変容に時間がかかる児童もいるが、全体指導とともに個に応じた指導を行うことにより、１年間の中で伸びが見られることは明らかである。

第4項　成果と課題
（1）個に応じた教師の朱書き
　読書力を定義し、具体的なてびきを示すことにより、筆者は児童の身に付いてきた読書力を捉え、評価の言葉を朱書きすることができた。
　A児とB児の読書日記からも明らかなように、継続的に行う朱書きの意義は以下の通りである。

・教師が、読み方や書き方を肯定的に評価することにより、児童は、自信をつけ、意欲的に次の読書に取り組むことができる。
・教師が助言をしたり自分の思いを伝えたりすることにより、児童は、読み方や考え方、書き方を学ぶことができる。
・教師が、書き出しの言葉を朱書きすることにより、考えさせたいこと、書かせたいことを児童から引き出すことが可能となる。
・教師が、本を紹介する朱書きをすることにより、これまで読んでいなかった種類の本や同一作者の本、同一テーマの本等に出会わせることができる。

　しかし、読む意欲が高まらない児童、感想が深まらない児童、自分で本を選ぶことができない児童、文章を書くことが苦手な児童に対しては、対話をしたり様子を見たりして、児童の興味をもつことや課題・その原因等

を捉え、個に応じた対応を工夫していく必要がある。

（2）児童の自己評価

　児童は、読書日記を読み直すことにより、自分の伸びや読書の課題に気づくことや自分の今後の読書の目標を考えることができるようになった。

　読書日記はポートフォリオである。自分の学習の足跡を振り返ることにより、読書設計力や読書に対する意欲・態度、読書習慣が育っていく。さらに、具体的な目標を決めて継続することができるように振り返りをしていく必要もある。

（3）教師と児童との音声による対話

　読書日記を基に児童と対話することにより、筆者は読書日記に書かれていない、本に対する児童の思いや読書の様子等を理解することができ、褒めたりアドバイスをしたりすることができた。また、児童の思いや実態に即して本を薦めることもできた。

　学級の児童の様子を見ると、筆者の言葉により読書に対する自信をつける児童や読書意欲を高める児童が増えた。筆者が薦めた本を読み満足した児童も多い。

　読書日記の朱書きとともに対話を行うことにより、児童を読書の世界へ誘うことが可能となる。

（4）学級に対する教師の取り組み

　読書日記を朝の会で学級の児童に紹介したり、教室にコーナーを作って展示したりすることにより、友達の読書日記に刺激を受け、読む意欲や書く意欲を高める児童が増えた。さらに、それらの児童の読書日記を紹介することにより、学級全体では認め合う雰囲気ややる気が出て読書は広がっていった。時には、友達同士が本について会話したり、本を読んでいる友達の傍に行って一緒に読んだりする姿も見られるようになった。

　さらに学び合うことができるようにするために、児童同士で読書日記を読み合い伝え合う場や読書について話し合う場の設定を工夫する必要もある。

第2節　自分との関連づけ

　平成20年改訂の小学校学習指導要領解説国語編「読むこと」の第1学年及び第2学年では「文章の内容と自分の経験とを結び付けて、自分の思いや考えをまとめ、発表し合うこと」（p.39）、第3学年及び第4学年では「以前に読んだ本や文章と比べたり、自分のもっている知識や情報、現実などと結び付けたりして、自分の考えを深めること」（p.67）、第5学年及び第6学年では「自分の知識や経験、考えなどと関係付けながら、自分の立場から書かれている意見についてどのように考えるか意識して読むこと」（p.89）など、自分と関連づけながら文章を読み、自分の考えをもつことや深めることが求められた。

　「自分との関連づけ」を行う力は、読書意欲を高め、作品の登場人物のことを深く理解したり自分自身を見つめたりするために必要な力であるため、その力を明確にする必要がある。そこで、3年2組の児童が書いた1年間の読書日記を対象とし、「自分との関連づけ」の力を具体的に示すこととした。

第1項　実践の概要

　寺田（2012）は、国語科教材「きつねの窓」に対する中学生の反応行為を分類しているが（p.178）、筆者は、その中の「自己を表出する」（願望・代理経験・仮定・想像・経験の適用・経験の想起・内省）に注目し、「自分との関連づけ」に関して、以下の8種類のラベルを設定し、内容を具体化した。

表2−2　「自分との関連づけ」のラベルと内容

ラベル	内容
比較	自分の知識や考え、行動、性格と登場人物のそれらを比べ、共通点や相違点を考える。
経験の想起	自分の経験を思い出す。
仮定	「もし……が……すると」と考える。

代理経験	「もし自分が登場人物だったら」と考える。
願望①	作品世界に入り、登場人物に同化してやってみたいこと、登場人物とやってみたいことを考える。
願望②	生活の中で自分がやってみたいことを考える。
願望③	自分の目標・将来の夢、自分のあり方・生き方について考える。
内省	これまでの自分や今の自分の行動・考え方を見つめる。

　図2－1「読み方」の他に7月には、国語科教材「あらしの夜に」の学習で、「読み方のてびき」（図2－3）を児童に渡すとともに、それを拡大したものを教室に掲示した。これは、主に児童の初発の感想やこれまでにできていた読み方をもとに作成したものである。表2－2のラベルと対応させると、「読み方のてびき」の⑧は比較、⑨は経験の想起、⑪は代理経験、⑫は仮定である。

---

①音読したいところは……

②はらはら、どきどきしたところは……

③ほっとしたところは……

④おもしろいところは……

⑤すきなところは……

⑥やぎ、おおかみのことをどう思うかというと

⑦やぎとおおかみをくらべると……

⑧自分とやぎ（おおかみ）のにたところは、ちがうところは……

⑨この話を読んで思い出したことは……

⑩この話を読んでいくうちに考えがかわったことは……

⑪自分がおおかみだったら、やぎのどんな言葉や行動がうれしいかというと
……

　自分がやぎだったら、おおかみのどんな言葉や行動がうれしいかというと
……

⑫この後の話を自分が作るとしたらどうなるかというと……

⑬その他

図2－3　読み方のてびき

11月には、国語科教材「木かげにごろり」を読み、人物に対する評価や学んだことを中心に読書日記に書き、「自分との関連づけ」（代理経験、願望）についても交流した。1月には、国語科教材「冬眠する動物たち」で、自分の知っていることと比較しながら動物たちの生きるための知恵を読み取った。2月には、国語科教材「わにのおじいさんのたから物」で、自分と比較したり代理経験をしたりして、人物に対する感想をもつことや人物の気持ちを読み取ることを行った。

第2項　分析方法
（1）学級の分析方法
①「自分との関連づけ」の内容
　ラベルごとに児童の読書日記を取り上げ、「自分との関連づけ」の内容を考察した。
②「自分との関連づけ」と解釈の力の関係
　1年間の読書日記において、児童が行った「自分との関連づけ」の数と種類が明らかに少ない児童集団とそれよりも多い児童集団とに分け、考察した。
　解釈の力については、児童の1年間の読書日記、国語ノートの内容を、筆者が作成した年間用ルーブリック（表2－3）に基づき、総合的に3段階（A：十分到達した、B：到達した、C：到達していない）で評価した。

（2）個の分析方法
　P児を対象として読書日記の変容を考察した。P児を選んだ理由は、自分との関連づけにより、自分を素直に見つめ直し、考え方や行動が変わった児童だからである。

第3項　結果と考察（学級と個の変容）
（1）学級の分析
　学級の児童2人は読書日記の1冊を紛失したため分析対象から外した。対象人数は36人である。

表2－3　年間用ルーブリック（解釈）

A	○作品全体から、作者の伝えたいこと、大事なことを読み取っている。 ○根拠や理由を明確にして、人物の行動の意味を考えている。 ○根拠や理由を明確にして、場面の様子や人物の気持ちを読み取っている。 ○人物や人物関係の変容とその理由について、叙述をもとにして読み取っている。 ○作品全体から、理由を明確にして自分の学んだことを考えている。
B	○大事なことを読み取っている。 ○人物の行動の意味を考えている。 ○場面の様子や人物の気持ちを読み取っている。 ○人物や人物関係の変容を読み取っている。 ○自分の学んだことを考えている。
C	○大事なことを読み取っていない。 ○人物の行動の意味を考えていない。 ○場面の様子や人物の気持ちを読み取っていない。 ○人物や人物関係の変容を読み取っていない。 ○自分の学んだことを考えていない。

①「自分との関連づけ」の内容

　以下の（　）は、読書力や「自分との関連づけ」のラベルである。

〈**比較**〉（下線は筆者による。以下同じ。）
○D児の読書日記（11月8日『くまさんじゃなくてきつねさん』）

> 　このお話に出てくるうさぎさんは前となりにすんでいたくまさんが遠くの町へ引っこしてそのかわりにきつねさんがこしてきたのにいつまでもきつねさんをくまさんだと思ってしまうところがうさぎさんとくまさんの仲のよさを表していると思いました。
> 　そして、私はなんとなく新しい友達をつくる時のちょっと遠りょし合う気持ちに似ているなあと思いました。

　D児は、自分の気持ちとうさぎさん・きつねさんの気持ちが似ていることを感じ、その気持ちを「遠慮し合う気持ち」と表現した（解釈）。

○E児の読書日記（10月３日『おはよう』）

> 　この絵本のしゅ人こうのこねこのほうやとにているなと思いました。どこがにているかというと、さいしょははずかしくて、「おはよう！」って言えなかったけどさい後には、きちんとあいさつできているところです。あいさつをすると気持ちがいいので、これからはもっと大きな声でしたいです。

　E児は、自分と登場人物のこねこの気持ちと行動を比較し、似たところを見つけ、さらに、これからの自分の挨拶の仕方について考えた（願望③）。

○F児の読書日記（４月30日『アジアの子どもたちに学ぶ①』）

> 　アジアの国では２秒で１人まずしさのために死んでしまいます。
> 　ぼくのお母さんはダイエットをしているけれど、アジアの子どもたちは、食べる物がないので、死んでしまいます。
> 　ぼくの夢はプロ野球せんしゅになることです。アジアの子どもたちの夢は、「一度でもごはんをおなかいっぱい食べたい。」とか「おとなになるまで生きること。」です。
> 　ぼくが毎日ごはんを食べたり、学校へかよったり家ぞくと、生活できることは、とてもしあわせだと思いました。

　F児は、「自分の母親とアジアの子どもたち」、「自分の夢とアジアの子どもたちの夢」を比較し、自分の生活を振り返っている（内省）。

○G児の読書日記（２月23日　新聞）

> 　ぼくは、高梨沙羅せん手がなぜこんなにバランスがとれるんだろうと思いました。読んでみると、「バレエで身につけたバランス」と書いてありました。ぼくは、ほかのせん手よりも、ねんれいが小さくてもやればできるんだと思いました。ぼくは、スキーのジャンプとちがって、水えいがすきでがんばっています。もし、沙羅せん手みたいにがんばればゆめがかなうかもしれないと思いました。沙羅せん手を見ならいたいです。

　G児は、自分とスポーツ選手を比較し、目指すところは違うけれども夢に向かってがんばりたいという思いをもった（願望③）。

〈経験の想起〉

○H児の読書日記（9月19日『おじいちゃん　さようなら』）

> このお話の男の子のボブがおじいちゃんといっしょにいる時は楽しかった
> けど、おじいちゃんがしんでからすごくかなしいひびをすごすおはなしです。
> <u>わたしはおじいちゃんがいてしんだから、ボブの気持ちがよくわかりまし</u>
> <u>た。わたしは、おじいちゃんがしんだときは、おじいちゃんと作った思い出</u>
> <u>が消されるようでした。</u>

　H児は、登場人物と同じ経験をしたことにより、ボブの気持ちを想像し
（解釈）、共感することができた。

○D児の読書日記（3月14日『朝日小学生新聞』「陸上最大級、強いんだぞ〜」）

> 　私は、この新聞を読んでアジアゾウが陸地で生活する哺乳類の中で一番大
> きな体をもっているということがわかりました。さらにゾウは、アフリカゾ
> ウとアジアゾウに分類されアジアゾウはアフリカゾウより耳が小さいことも
> わかりました。
> 　<u>私は、ゾウが鼻を使って食べ物を口に運んだり自分の体に水をかけ水あびし</u>
> <u>たりするのをテレビや実際動物園に行って見たことがあるけど、いつも器用だ</u>
> <u>なあと思っていました。しかし、ゾウにとっては当たり前のことで私達が手</u>
> <u>を使うことと同じようなことではないかと少し考えが変わりました。</u>（後略）

　D児は、テレビで見た経験や実際に見た経験を思い出しながら、人間と
ゾウを比べ（比較）、自分の考えが変わったと書いている。

○I児の読書日記（5月28日『とべないほたる』）

> とべないほたるは、とべないです。<u>ぼくが2年生の時、足をこっせつした</u>
> <u>のとにています。</u>
> 　とべないほたるは、ほかのほたるにたすけてもらっていたので心がおちつ
> きました。
> 　<u>ぼくもそういうけいけんをしたので次はぼくがたすけてあげたいです。</u>

　同じような痛い経験をしたことを思い出しながら読んだ。そして、自分
の経験から、自分が逆の立場に立って助けたいと考えた（願望③）。

〈仮定〉
○B児の読書日記（6月19日『ともだちや』）

> 「ともだちや」をやっているきつねが友だちができてよかったです。<u>もし</u>
> <u>ともだちやがぼくの所にやってきたらしょうぎをしたいです。</u>

　B児は、「ともだちやがぼくの所にやってきたら」と仮定し、自分の好きな将棋を友達としたいと考えた（願望①）。この児童は休憩時間には一人でいることが多く、読書に没頭していたが、将棋をすることで友達との関わりを求めていることが感じられた。

○J児の読書日記（9月6日『よだかの星』）

> 　よだかはとてもかなしそうだし、かわいそうだったんだけど、よだかにとってはさいこうの人生というものを一番味わえるのだと思います。なぜかというと、いじめられてる中のよだかだったからです。よだかは、かがやく星へとんでいったけど、<u>この本のつづきを私が作るならば、きっとどこかでしあ</u>
> <u>わせにくらしていると思います。</u>

　J児は、作品世界の結末を仮定し、よだかが新しい世界でいじめられないで幸せに生きることを想像した（解釈）。

〈代理経験〉
○K児の読書日記（1月3日『へんくつさんのお茶会』）

> 　この本を読んだきっかけは、題名の「へんくつ」という言葉にきょう味を持ったからです。いちばん心にのこったのは、サルのへんくつさんが、山の動物たちに、人間のへんくつさんをてつだってほしいとたのむ場面です。なぜなら、それまでは、なかまなんていらないと言っていたへんくつさんが「はじめての友だちなんだ。どうか手つだっておくれ。」と言ったからです。だから、その言葉でむねがいっぱいになりました。
> 　<u>ぼくだったら、おねがいするゆう気がでず、言い出せないかもしれません。</u>
> 　ぼくは、このお話を読んでサルのへんくつさんのように、大切な人のために何かできる人になりたいと思いました。

　K児は、自分が登場人物になったつもりで行動について考え、さらに自分のあり方を考えた（願望③）。

○E児の読書日記（7月6日『くものきれまに』）

> 　わたしがメイだったら、タプのどんな言葉がうれしいかというと、「そうか。でもきをつけなよ。あそこでオオカミのひるめしにされたやつがいるんだからね。」と自分をしんぱいしてくれているような言葉です。

　E児は、自分が言われてうれしい言葉を引用し、人物の優しさを感じた（人物や作品の内容に対する熟考・評価）。

〈願望①〉

○L児の読書日記（11月20日『ふしぎなキャンディーやさん』）

> 　ふしぎなキャンディーとは赤いキャンディーはオオカミになって、みどりはとうめい、きえたりして白は自分が大きくなります。ぼくも本のせかいにとびこんでふしぎなキャンディーを食べてみたいです。

　L児は、本の世界に入って登場人物と同じことをやってみたいと感じた。これは、虚構の世界に参加したいという願望である。

〈願望②〉

○M児の読書日記（12月28日『4つのお皿で元気になあれ』）

> 　この本は、ななちゃんという女の子とその家族で買い物に行ってレストランでりょう理を食べるお話です。そこでななちゃんははじめにいっぱいのりょう理をとってきてでも「食べられない」と言っておばあちゃんが「もったいないねえ」と言ったからおばあちゃんは食べられるだけ最初にとっておくことを言ったからななちゃんは意味がわかるようになりました。だから私も食べられるだけとることをしたいです。

　M児は、食事の仕方について本から学び、自分の食生活の場面でやってみたいことを書いた。

○I児の読書日記（11月21日『ライト兄弟』）

> （前略）二人は、そりや自てん車を作りました。でもそりはみんなのよりおそいです。母にアドバイスをもらって、さい後には、いち番速いのになりました。
>
> 　大会に出るとき、みんなの自てん車は、新ぴんだけど、二人のは、木でできていてちょっとふるくさかったです。でもきょうそうすると、一番でした。
>
> 　ここでぼくは、見ためで速さとかがきまるのじゃないと分かりました。なぜかというと、鉄とかでできていても、形や風のていこうで速さがかわっていくからです。
>
> 　<u>自分でも自てん車を作ってみたいから工作をつづけたいです。</u>

　I児は、普段から物を作ることが好きだった。ライト兄弟のそり・自転車づくりに魅力を感じ、大事なことを読み取った（解釈）後、工作を続けたいという希望をもった。

〈願望③〉
○D児の読書日記（12月30日『ピカソ』）

> 　ピカソは天才画家です。私がピカソのすごいと思ったところは一つのかき方にとどまることなく、どんどん新しい考えをとり入れてかき方をかえていったところです。一つのかき方をきわめるやり方もすごいと思うけど、ピカソのような考え方もすごいと思います。
>
> 　「青の時代」「バラ色の時代」「キュビズム」等さまざまな絵を見てみたいけど、一番見てみたいのは「おそろしい絵」です。その理由は、ピカソは最後おそろしい絵をかくことで戦争のおそろしさやおろかさをうったえたと書いてあったからです。
>
> 　<u>私は、これから私が好きな絵をかいている時にピカソと同じようにどんどん新しいかき方をとり入れていきたいです。</u>

　D児は、ピカソの考え方を肯定的に捉え（人物や作品の内容に対する熟考・評価）、今後の目標をもった。この本で新しい考え方に触れ、自分の好きなことにその考え方を取り入れたいと考えた。この児童にとって価値観を広げる経験ができたと考えられる。

○I児の読書日記（1月1日『ファーブル』）

> 　ファーブルはすなおです。理由は、ファーブルが学校に入って、理科の時間に先生がさんそのじっけんをするから先生はうしろにさがっていなさいと言うと、ファーブルだけさがったからです。さがらなかった子どもたちは目とかをけがをして、ファーブルがおぼえていたことをして、なおしてあげました。（中略）
>
> 　ファーブルはすなおで、人のいうことを聞いていたらけがもしなかったから、ぼくも、もっとすなおになりたいです。人が言ったことをためしたり、友だちのいい所をまねしたりしたいです。

　I児は、人物を肯定的に捉えた（人物や作品の内容に対する熟考・評価）後に、自分のあり方を具体的に考えた。

○N児の読書日記（7月10日『とべないほたる』）

> 　わたしのこの本の好きな所は、14ページのうしろから1、2行目です。理由は、どのほたるたちも、とべないほたるのことを考えていたからです。わたしは、やさしいなと思いました。このことを、とべないほたるが知ったらなかまのやさしさを、たっぷり感じると思います。そして、やる気が出ると思います。だからわたしも、友だちを大切にし、こまっている時はたすけてあげたいです。

　N児は、人物の優しさを感じること（人物や作品の内容に対する熟考・評価）、人物の気持ちを想像すること（解釈）ができ、自分の友達への関わり方を考えた。

○O児の読書日記（12月27日『野口英世物語』）

> 　ぼくは、この本を読んで、お金の千円さつにかいてある野口英世は、医者だったんだと思いました。
>
> 　野口英世のすばらしい所は、左手が使えなくても、勉強にはげんでいたことと、命のきけんをおかしても研究をつづけることと、真夜中も起きて、黄熱病の研究をしていることです。ぼくもこんな医者になりたいです。そのためには、いっぱい勉強しないといけないなと思いました。

　O児の将来の夢は医者になることであった。野口英世の生き方のすばら

しさを感じ（作品の内容に対する感想・評価）、なりたい医者の姿をイメージし、医者になるために今しなくてはならないことを考えた。

〈内省〉
○D児の読書日記（10月29日『飛べないるんるんと黄金の水』）

> （前略）それからるんるんは、また旅をはじめました。と中、他の鳥たちに飛べないことをバカにされてつらかったと思うけど、逆に仲良くしてくれたヘビのスーお母さんの病気で急がないといけないのにえさをとってきてくれたインコのアーヤなどはとても優しくしてるんるんは元気をもらったと思います。
> 　そして、るんるんも泣くことをやめて困っている時は助けてもらおうという気持ちになれたのがすごいと思いました。
> 　最後、るんるんが（飛べていたらわからないことを経験できたし、私は私なりに生きていけばいいんだ。）と思った場面が感動しました。
> 　私はすぐこんなふうに思えるかはわからないけど、そう思える気持ちになれたらいいなあと思いました。（後略）

　D児は、人物の気持ちを想像し（解釈）、人物に対する感想をもち（人物や作品の内容に対する熟考・評価）、「自分はどうだろうか」と考え、素直な思いを書いた。

○B児の読書日記（10月31日『走れメロス』）

> 　ぼくの1つ目のすきなところはどうしてもともだちをまもろうとするところです。どうしてかというと、ちゃんとなかまをたいせつにしているとかんじたからです。
> 　ぼくはいままでともだちはどういうものかをかんがえたことがなかったけど、かんがえてみたらしんじれる友だちがいるとたくさんいいことがあって、いろいろな一人ではできないことができるとかんじました。
> 　またこれからも太宰治さんの本などをよんで、いろいろなことにやくだてていきたいです。（後略）

　第1節で紹介したB児は、学習場面では友達と積極的に話すが、休憩時間は読書をすることが多く、進んで外で遊んだり友達の輪に入って話した

りすることは少なかった。その児童がこの本に出会い、好きな場面を見つけ、友達関係について考えるようになった。

　ここまでの児童の読み方を考察すると、一つの関連づけを行って読むだけではなく、「自分との関連づけ」の違う種類のもの同士をつなげたり、他の読書力とつなげたりして読むことが多く、読みを広げたり深めたりしていることが分かる。

　表2－4は、1年間の全児童の読書日記の中で行った「自分との関連づけ」のラベルと数を示した結果である。
　年間を通して「自分との関連づけ」で多かったものは、「代理経験」「願望②」「願望③」である。反対に関連づけの少なかったものは、「経験の想起」「仮定」「内省」であったが、「内省」

表2－4　「自分との関連付け」のラベルと数

ラベル	行った数（割合）
比較	92個（13.8%）
経験の想起	36個（5.4%）
仮定	19個（2.9%）
代理経験	138個（20.8%）
願望①（同化）	85個（12.8%）
願望②（希望）	108個（16.3%）
願望③（目標）	171個（25.7%）
内省	15個（2.3%）
合計	664個（100%）

を行うことができた児童は、本が好きで読書量が多く、目標をもって本を選んだり読んだりしていること、正しいことと間違っていることを判断し、自分の考えをはっきりと述べることができる児童であった。また、感性が豊かで、自分の素直な気持ちや考えを詳しく書いたり話したりすることもできている児童であった。つまり、読書意欲、感性、判断力、表現力の高い児童は、内省することもできていたと言える。

② 「自分との関連づけ」と解釈の力の関係
　個人が1年間「自分との関連づけ」を行った数を「15個以上」と「15個未満」に分け、筆者が作成したルーブリック（表2－3）に基づき、3段階で評価した解釈の力（ABC）との関係をまとめたものが表2－5である。
　この表からは、15個以上の関連づけができた児童の約半数は解釈の力がA、約90％の児童はAまたはBであることが分かった。解釈の力がCの児童

でも関連づけが15個以上できる児童は2人いた。一方、関連づけの数が15個未満の児童の半数以上は、解釈の力がCだった。

表2－5 「自分との関連づけ」の数と「解釈」

	解釈A	解釈B	解釈C	合計
15個以上	13人 (54.2%)	9人 (37.5%)	2人 (8.3%)	24人 (100%)
15個未満	0人 (0%)	5人 (41.7%)	7人 (58.3%)	12人 (100%)
合計	13人 (36.1%)	14人 (38.9%)	9人 (25.0%)	36人 (100%)

　次に、「自分との関連づけ」のラベルを「5～8種類」「3～4種類」に分け（それよりも少ない児童はいなかった）、解釈の3段階（ABC）との関係をまとめたものが表2－6である。表2－6から、5種類以上の関連づけを行った児童の約80％は、解釈の力がAまたはBであることが分かった。つまり、多くの種類の関連づけを行う児童は解釈も十分できていると言える。一方、関連づけを3～4種類しか行っていない児童の半数以上は解釈の力がCであった。しかし、解釈の力がCであっても、関連づけを5種類以上できた児童は5人いた。解釈が十分できない児童でも「自分との関連づけ」を行うことはできる場合がある。これらの児童に対しては「自分との関連づけ」を行うことについて肯定的に評価する必要があり、これを基に他の力（解釈等）を伸ばすことを考えなければならない。

表2－6 「自分との関連づけ」の種類と「解釈」

	解釈A	解釈B	解釈C	合計
5～8種類	13人 (44.8%)	11人 (37.9%)	5人 (17.3%)	29人 (100%)
3～4種類	0人 (0%)	3人 (42.9%)	4人 (57.1%)	7人 (100%)
合計	13人 (36.1%)	14人 (38.9%)	9人 (25.0%)	36人 (100%)

（2）P児の変容

　P児は、読むことや書くことが苦手であった。また、自分の過ちを素直に認めることができにくく、友達との関係が良好ではなかった。この児童に対しては、読書日記に自分の思いを素直に表現できるようになってほしいと考え、指導をしてきた。その結果、1年間で「自分との関連づけ」を多く行うようになり、最終的に自分の内面に目を向けて感想を書くことができるようになった。以下に、P児の読書日記の変容を紹介する。〈　〉は、「自分との関連づけ」のラベルである（筆者による）。

○5月24日『わがままな大男』

> 　大男は、はじめはわがままでいじわるだったので、ぼくは大男のことが「いじわるい大男だ」と、思いました。でも、さいごには自分がわがままでいじわるだということがわかって、やさしい大男になったのでぼくは大男のところにいきたいと思いました。〈願望①〉

※P児は、人物の変容に着目した。この頃に書くP児の読書日記には願望①の感想が多かった。その後、友達関係が描かれた本を読むことにより、願望③の感想が増えていった。

○6月28日『友だちくるかな』

> 　この本を読んでだいじだと思ったのは「心」です。り由はこの本に出てくるオオカミさんが心をすてたら後で何もわからなくなるからです。わからなくなると、人のことや思いがわからなくなり、うれしい時やかなしい時ぜんぜんわからなくなります。だからぼくは心をたいせつにしたいです。〈願望③〉

※この日は、心の大切さを考えた。その後、国語科教材「あらしの夜に」の学習をし、筆者が用意した友達関係を考えられる本を読んでいき、その中から好きな本を選み、友達と読書会で話し合った。次の読書日記は読書会の次の日に書いたものである。

○7月17日『た・たん』

　　本にでてくるくまさんとぼくは、とてもにているところがあります。それ
は、「はずかしがりや」です。
　　ぼくも友だちに話したいことが話せないときがあって、かってにきめられ
ることがあります。
　　でも、くまさんはさい後には自分が言いたいことをちゃんといえたので、
ぼくもくまさんみたいに自分が言いたいことをいえるようにしたいです。〈比
較・経験の想起・願望③〉

※P児は、自分と登場人物の似たところに気づき、自分の素直な思いを言
　うことの大切さを感じた。4月から、自分と登場人物を比較していたが、
　この読書日記からは、登場人物の行動を肯定的に捉えていること、なり
　たい自分を考えていることが伝わる。

○7月19日『友だちやもんなぼくら』

　　ぼくは7月の何日かに母さんに読んでもらった本を読みました。
　　ぼくは23〜24ページで「かっこいいな」と思ったことは、友だちのため
にかみなりじいさんのところへかえったところです。
　　ぼくはこの話を読んでわかったことは「ゆうき」です。「ゆうき」がよく
つたわってきたところは、マナブとマナブの友だちがかみなりじいさんに「か
ぶと虫をかえすのでヒデトシをかえしてください！」というところです。ぼ
くもこんなゆうきがほしいです。〈願望③〉

※この文章からは、友達のために勇気を出して行動する登場人物の姿にひ
　かれ、自分も同じようになりたいという気持ちが読み取れる。P児が7
　月17日に書いた「言いたいことをいえるようにしたい」と、7月19日に
　書いた「ゆうきがほしい」は結び付いている。

○8月25日『まんまる月夜のパトロール』

　　パトロールねこと竹ぼうきがパトロール中に新米おまわりさんをどろぼう
とまちがえてしまって、つぎの日はどろぼうとまちがえたことをあやまって、
新米おまわりさんのお手つだいをするお話です。

> 　ぼくは、パトロールねこと竹ぼうきがあやまり、おまわりさんのお手つだいをするのが（心が強いなー。ぼくはすなおにあやまれないから、パトロールねこと竹ぼうきのことがすごいなー。）と思いました。ぼくもすなおにあやまれるようになりたいです。〈内省・願望③〉

※この日は、素直に謝って行動する登場人物の姿を肯定的に捉え、自分の直さなければならないことを初めて素直に認め、行動に移したいという気持ちを表現した。

○９月13日『たこやきマントマンおばけのくにのぼうけんのまき』

> 　ぼくがいやだなと思ったことは「いじめ」です。ぼくはいじめている人が大きらいです。
> 　ぼくはいままではいじめている人がいたらつよくちゅう意していたからこれからは、やさしく、ちゅう意したいです。〈内省・願望③〉

※いじめている登場人物を否定的に捉え、自分の言い方がきついところを振り返り、注意の仕方を改めようと考えた。しかし、この文章は、いじめを見ている側から書いたものである。自分が友達に対して行ってきたことについては書かれていなかった。

　次の『しらんぷり』（梅田俊作・梅田佳子作　梅田佳子絵）は、いじめについて考えられる本である。筆者は、いじめられる人、いじめる人、いじめを見ている人のそれぞれについて考えられる本として学級の児童に紹介した。すると、Ｐ児は、進んでこの本を借りて読書日記に次のように書いた。

○10月30日『しらんぷり』

> 　ぼくはいじめがだいきらいなのに、ときどきやってしまう時があります。
> 　ぼくはいじめをやめます。〈内省・願望③〉

※ここでは、３つの立場の行動について読んでいくことにより、自分もいじめることがあることを素直に認め、自分の決意を書くことができた。

○12月12日『すてきな三人ぐみ』

> 　この本は父さんがはじめによんでくれた本です。
> 　ぼくは三人ぐみがお金やほう石をぬすんでいたけど、ティファニーちゃんをたいせつにしたからわるい人ではないと思います。理由はふつうはいくらかわいい女の子でもほうっておくけど三人ぐみはだいじにすみかにつれていってふかふかのベッドでねさせたからです。
> 　<u>ぼくも三人ぐみみたいに人を大事にしたいです。そのために先生が言ったようにまずは落とし物をしないようにして、物をたいせつにするのをがんばりたいです。</u>〈願望③〉

※ここで変化があったことは、「人を大事にしたい」で終わるのではなく、そのために毎日の生活の中でがんばることを書いたことである。6月に書いていた内容と比較すると、具体的な行動を考えるようになった。

○2月13日『ベートーベン物語』

> 　ベートーベンが作曲の事になるとむちゅうになっているときに「ぼくの頭の中には音楽がうずまいている。それを何とかして曲にまとめたい」と言いました。
> 　<u>ぼくはべん強のときにそれをたまにおもいだします。</u>〈経験の想起〉

※夢中になって仕事をするベートーベンの言葉が心に残り、自分も集中して勉強しなければならないと思っているようであった。

　1年間の国語科学習でP児の解釈や感想・評価の力は大きく伸びなかったが、読書により、考え方や生き方のモデルとなる登場人物に出会うことができた。そして、8種類の「自分との関連づけ」をすべて行うことにより、自分の内面に目を向け、自分の素直な思いや自分のあり方を書くことができるようになり、少しずつ穏やかになっていった。

第4項　成果と課題
（1）成果
・「自分との関連づけ」の8種類のラベルを設定し、1年間を通して読書

日記を分析していくことにより、小学校3年生児童の「自分との関連づ
け」の仕方や、一人一人の読み方の変容を捉えることができた。
・「読み方のてびき」を継続的に使うことにより、児童は、自分が選んだ
本についても「自分との関連づけ」を進んで行い、人物の気持ちを具体
的に想像したり、自分の内面に目を向け素直な思いや考えを書いたりす
るようになった。「自分との関連づけ」は、児童の読みや考え方を広げ
たり深めたりするための具体的な方法の一つである。

（2）課題

・教師が児童の読んだ本の内容を詳しく知らない場合、児童の短い記述だ
けでは明確にラベリングができない場合もある。8種類のラベルについ
ては児童の実態に即して修正していくことも必要である。
・「願望③」の関連づけの場合は、表向きの願望にならないように、内省
の場合は、自分を客観的に見つめ、素直な思いを語れるように導いてい
きたい。
・「自分との関連づけ」ができにくい児童は、本を読むことが嫌いで読書
量が少ないことや、ジャンルの偏りがあること、同じパターンで書くこ
となどの傾向があった。そのような児童に対しては、「自分との関連づけ」
ができる本を紹介し、その方法を学べるようにすることが求められる。

第3章　低学年の読書日記の実践

　大村はまが「読書生活の記録」を帯単元「読書」や「読書指導」「読むこと」「話すこと・聞くこと」の単元などで活用していた実践を踏まえ、小学校低学年から読書日記を日常の読書指導だけでなく、国語科「読むこと」の学習とも関連づけ、つけたい力を明確にして指導を行った。「読むこと」の学習と日常の読書（読書日記）を切り離すのではなく、「読むこと」の学習で学んだことを読書日記で活用すること、そして、読書日記で習得した力を「読むこと」の学習に取り入れることができれば、読書力を身に付けさせることができるようになると考えた。

第1節　読書日記の導入、国語科との関連（第1学年）

　本節では、小学校第1学年において読書日記を国語科「読むこと」の学習とどのように関連づけて指導することが可能か、どのような読書力を身に付けることができるかについて実践を通して考察する。実践は、2014年度にB小学校1年1組32名に対して行ったものである。

第1項　読書日記導入までの実践（4月〜6月）
（1）交流型読み聞かせによる読書意欲・感想の育成（4月〜6月）

　入門期は、まだひらがなを習い始める時期であるため、1年生はすぐに読書日記を書くことができない。そこで、素地となる読書力を「読書意欲」と「感想をもつ力」と考え、それらを読み聞かせの中で育てることとした。

　足立（2013）は、海外で行われている読み聞かせの前・中・後に読み手と聞き手または聞き手同士の交流を行う「交流型読み聞かせ」を国語科授

業で行う可能性を提起している。増田（1997）は、読み聞かせのマイナス面として指摘されている、「教師や親の音声によって特定のイメージを与えてしまう」や「好きなところで立ち止まって自由に空想したり、前にもどってくり返し味わうことや疑問を解く楽しみを奪うこと」（p.15）に対する方法として、「読み聞かせの途中で、本の内容について子どもと対話したり自由に空想するように導いたり、問いかけをして疑問を持つようにしむけたりすること」（p.16）を勧めている。

　4月から6月までは、筆者も、児童の読書意欲と感想をもつ力を育てるために、教師が児童のつぶやきを取り上げ、それに対して児童が答えたり、教師の問いかけに対して児童が思いを続けて話したりする交流型の読み聞かせを行った。その方法により、児童は、本の世界に入り、様々な感想を出し合い、人によって様々な感じ方があることを学び合うことができるようになった。また、教師が読み聞かせた本を自分でも進んで読むようになった。

（2）感想の語彙を広げる指導（6月〜）

　教科書教材「たぬきのじてんしゃ」（学校図書）では、感想の語彙を広げる指導を行った。まず、動物が主人公のブックトークを行い、短い物語に興味をもつことができるようにした。また、単元のゴールには関連図書を選んで読むことを伝え、学習の見通しをもつことができるようにした。そして、「たぬきのじてんしゃ」の読み聞かせを行い、挿絵を手がかりにして、たぬきに対する直観的な一言感想をもたせた。以下に、学級の児童が国語ノートに書いた直観的感想の一部を紹介する。

　　①肯定的なもの
　　・うれしそう、しあわせ、たのしそう、しんけん、かんがえてる、えらい、さわやか、きぶんよさそう、がんばっている
　　②否定的なもの
　　・いたそう、あぶない、しんどそう、かわいそう、かなしそう

　児童は、日々の読み聞かせで感想を話すことに慣れていたので、感想を

一言で書くことは容易だった。その後、教科書の中で感想をもつことができた文にシールを貼り、そばに自分の言葉で自由に書き込みをするという読み方を経験させた。以下に児童の書き込みを紹介する。

〈教科書の文〉……それからはじてんしゃにのるときには、しっぽをひもでしっかりおんぶして、はしることにしましたとさ。

　　〈児童の書き込み〉
　　・からかわれてももうだいじょうぶだとおもうな。
　　・ぼくだったらちがうことをかんがえるかな。えらい。
　　・たぬきはしあわせだな。
　　・たぬきのことをおもしろいとおもう。

　この学習では全員が、感想をもつことのできる文を見つけ、書き込みをすることができた。その後、他の文章を読んだ時も多様な感想を表現できるように、表３−１の「かんそうのことば」を児童に渡した。これは、井上（2007）の「感想・評価の基本語彙八〇〇語」を参考にし、日頃の読み

表３−１　かんそうのことば

よいとおもったときのことば		よくないとおもったときのことば	
①すなおだ	⑯たのしそう	①ざんねんだ	⑪たよりない
②かわいい	⑰うれしそう	②くらい	⑫よわい
③つよい	⑱よろこんでいる	③すなおでない	⑬がっかりする
④やさしい	⑲うきうきしている	④いばっている	⑭はらがたつ
⑤しんせつ	⑳まんぞくしている	⑤わがまま	⑮かなしい
⑥あかるい	㉑いいきもちになっている	⑥ひどい	⑯くやしい
⑦えらい		⑦つめたい	⑰さびしい
⑧かしこい	㉒あたたかいきもちになる	⑧おかしい	⑱つらい
⑨かんがえている		⑨たいせつにしていない	⑲こわい
⑩いっしょうけんめいだ	㉓だいじにしている		⑳いやだ
	㉔なかがいい	⑩きずつけている	
⑪がんばった	㉕たよりになる		
⑫すきだ	㉖かんどうした		
⑬びっくりした			
⑭ゆうきがある			
⑮ただしい			

聞かせや「たぬきのじてんしゃ」で児童が出した感想の言葉を取り入れて作成したものである。「たぬきのじてんしゃ」の学習後には、「かいがら」（東京書籍）を読み、この「かんそうのことば」を参考にして感想を書かせた。

（3）読書日記の導入（6月〜）

　「たぬきのじてんしゃ」「かいがら」の学習が終了した時に、「読書交換日記」（マス目ノート）を渡した。これまで他の学年では教師、友達、自分に向けて読書日記を書いてきたが、1学年では、「せんせい、あのね」の学習が終わったばかりであるため、教師に向けて書くことにし、「読書交換日記」と名付けた。

　まず国語の時間に、教師が示した2つの例（根拠を入れて書いた、登場人物に対する自分の感想）をノートに書く練習を行った。以下の【教師が示した2例】は、国語の学習の時に児童が教材文に書き込んだ感想をもとに作成したものである。基本的には、自分なりの表現で書くことが望ましいが、書き方が分からない児童のために例を示した。

【教師が示した2例】

・くまのこは、うさぎのこに、いちばんすきなものをあげたので、やさしいなとおもいました。
・くまのこは、うさぎのこに、いちばんいいものをあげました。うさぎのこのことをだいじにしているとおもいました。

　その後、2〜3日に一度、家庭学習で読書交換日記を書くようにした。

第2項　国語科単元「くりかえしのあるほんをよもう『おおきなかぶ』」の実践（6月〜7月）

（1）読書力を身に付ける、国語科「読むこと」の単元構成

　日常の読書日記指導で目指す力は、読書活動に対する意欲・態度、読書技術、読書習慣を含む幅広い読書力である。その力を国語科「読むこと」の授業でも育てていきたいと考え、物語文「おおきなかぶ」の単元を、繰り返しのある本を読む単元とした。

　第1次の導入では、ブックトークを行い、繰り返しのある本に興味をも

つことができるようにし
た。また、単元のゴールには
同じ本を読んだ友達と本の面
白さなどについて話し合うと
いう目的と学習の見通しを
もつことができるようにし
た。「おおきなかぶ」の読解
では、繰り返しのある本を読
む力として、「繰り返し出て
くる言葉と繰り返されている
出来事を見つけ、感想をもつ
力」を焦点化した。そして、

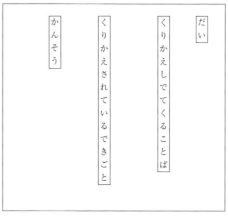

図3-1　単元で使用したワークシート

その力が身につくよう、ワークシート（図3-1）を作成し、部分視写、
動作化、音読を多く取り入れた。第2次では、選書が難しい児童のために
用意した繰り返しのある8冊の本（『しんせつなともだち』『おじさんのかさ』
『どうぞのいす』『おなべおなべにえたかな』『おおきなかぼちゃ』『3びきのくま』
『三びきのやぎのがらがらどん』他の訳者が書いた『おおきなかぶ』）から自分
の気にいった本を1冊選んで読むことができるようにした。そして、「お
おきなかぶ」で学んだことを活かして、図3-1のワークシートを自力で
作成できるようにした。一人で読み取ったことと感想は、同じ本を選んだ
3～4人のグループ（筆者が、児童一人一人に第1希望から第3希望までの本
の題名を書かせ、男女のバランス、話す力、読む力のバランスを考慮に入れて
作成）の読書会で話し合い、確認したり深めたりすることができるように
した。最後に、各グループの話し合いの内容を学級で紹介し合った。

（2）読書日記（読書交換日記）で身に付けた力を「読むこと」の学習で

　「おおきなかぶ」や繰り返しのある本を読んでワークシートに感想を書
く際には、読書交換日記で練習してきた書き方（根拠、理由を入れて感想を
書く方法）を用いるよう助言した。つまり、これまでの物語教材「たぬき
のじてんしゃ」「かいがら」の学習で身に付け、日常の読書交換日記で活

用し始めた読む力を「おおきなかぶ」の単元でも活用できるようにしたのである。

　以下に、児童が繰り返しのある本を読み、根拠、理由を入れて感想を書いたものを示す。感想には、一つの出来事に対する感想と複数の出来事に対する感想、繰り返しの出来事に対する感想があった。

〈一つの出来事に対する感想〉
○A児『おおきなかぼちゃ』
　みんながかぼちゃをひっぱったところがおもしろかった。みんながちからをあわせたので、すごいなとおもいました。

〈複数の出来事に対する感想〉
○B児『しんせつなともだち』
　こうさぎがろばにかぶをあげたからやさしかった。こじかがこうさぎにかえしたからしらなかったんだとおもった。

〈繰り返しの出来事に対する感想〉
○C児『三びきのやぎのがらがらどん』
　がらがらどんがやまのくさでふとったところがおもしろかったです。おおきなやぎがとろるのほねとにくをぐちゃぐちゃにしたところがゆうきがあるとおもいました。とろるがじゃまをするくりかえしをよんで、わるいなとおもいました。

　このように読書交換日記で練習した方法を用いて書くことができた児童は、32人中28人（87.5％）であった。日常の読書交換日記で書いてきた方法を「読むこと」の別の教材で使うことは、反復練習になり、読む力の定着を図ることにつながった。

（3）読書日記（読書交換日記）を読書会（同じ本を読んだ者同士のグループでの話し合い）・学級の話し合いで

　C児は、「おおきなかぶ」の教材の学習後に、読書交換日記に次のように書いた。

○C児『うさぎとかめ』

> かけっこのとちゅうにうさぎがひるねをしたすきにかめがおいついたのでおおきなかぶのねずみのようにかめはのろいけどやればできるんだなと思いました。ちいさなものでもいざとなればできることがわかりました。とてもおもしろかったです。

　筆者はこの読書交換日記を朝の会で読み、他の本と比べることの良さについて紹介した。

　その後の授業で、D児は、筆者が用意した8冊の中の『おおきなかぼちゃ』を読み、読書交換日記を書いている時、机間指導をしている筆者に、「おおきなかぶとちがって……」と話しかけた。それについて詳しく聞いてみると、「人物が増えているけど、一人ひっぱったら次の人物に変わっている」「ひっぱった人は見ている」と答えた。筆者は教科書教材「おおきなかぶ」との違いに気づいたことを褒め、グループの読書会の時、他の友達にも「『おおきなかぶ』と比べるとどんなところがちがうかな」と問いかけた。そのことを契機とし、読書会が終わり学級で自分たちが読んだ本について紹介する時にも、内容を比べることのできる本については違いを発表できるようにした。例えば『おおきなかぼちゃ』や『おおきなかぶ』（教科書の「おおきなかぶ」の訳者とは異なる本）を、教科書教材「おおきなかぶ」と比べさせ、仲間の増え方、仲間の数等について発表させた。また、『どうぞのいす』と『しんせつなともだち』についても学級のみんなで比べられるように、それぞれの本の中のものの置き方について発表させた。

　このように、児童の読書交換日記を紹介することにより、比べる読み方が他の児童に広がり、国語科の学習に活かすことができた。

（4）繰り返しのある本を読む学習と読書会で学んだ読み方を読書日記（読書交換日記）で

　繰り返しのある本を読む学習で学んだことを活かしてグループでの読書会と学級での紹介を行った後、読書交換日記の書き方を練習した。その際、書くことができにくい児童も書けるようにするために、「おおきなかぶ」で使った図3－1のワークシートの内容を取り入れた。

その後、それまでに用意しておいた前述の8冊の本から自分がさらに読んでみたいものを選ばせ、家で以下のように読書交換日記を書かせた。

以下の読書交換日記は、図3－1の書き方を参考にして書かれたものである。

○E児（7月14日『どうぞのいす』）

（1）くりかえしでてくることば
　①「どうぞならばえんりょなくいただきましょう。」
　②「でもからっぽにしてしまってはあとのひとにおきのどく。」
（2）かんそう
　　うさぎのどうぞとはちがうどうぞをくまさんたちはしていました。だけど、「あとのひとにおきのどく」のきもちがあったので、えらいとおもいました。

○F児（7月14日『さんびきのやぎのがらがらどん』）

（1）くりかえしでてくることば
　①かたこと→がたごと→がたんごとん
　②「ようし、きさまをひとのみにしてやろう。」
（2）かんそう
　①やぎのあしおとがだんだんつよくなるとこでやぎのおおきさがわかったよ。

C児は、筆者が用意した本以外の繰り返しのある本を進んで読み、次の文章を読書交換日記に書いた。

○C児（7月14日『ちょっとだけまいご』）

（1）くりかえしでてくることば
　①「ほらいた！きみのかあちゃんだろ。」
　②「ちがうちがうぼくのままじゃない。ぼくのままの○○はね。もっともーっとおおきいんだ。こーんなくらい。」
　③ちびふくろうはいいました。

---

④「なんだなんだ。そうだったのか。それならこっちだ。」
⑤「ついておいで。こっちこっち。」
（2）かんそう
　　りすがつれていくところにいるどうぶつたちはみんなかあさんじゃなく
てちょっとへんてこなどうぶつたちだからおもしろかったです。

　7月17日には、繰り返しのある本を読むことを指示せず、読書交換日記
の宿題を出した。次の児童は、繰り返しのある本を進んで読み、以下のよ
うに書いた。

○G児（7月17日『ちか100かいだてのいえ』）

「ぼくたちおとなになったときじょうずになくれんしゅうをしているんだ。」
「おしえてあげる、みーんみーん。」
　おとなになるためにすごくかんどうしたよ。がんばるすがたがえじゃなく
ても、もじであたまにうかんだよ。せみも、ものがたりには、にんげんみた
いなせいかつをしていたよ。

○H児（7月17日『ひゃっかいだてのいえ』）

（1）くりかえしてでてくることば
　①なになにかいにつきました。さあ、つぎのかいにはだれがすんでいるで
　　しょう。
（2）かんそう
　　じっかいごとにどうぶつがかわっていくことがおもしろかったです。

　このように教師の指示がなくても進んで繰り返しのある本を読んで読書
交換日記に書くことができた児童は、32人中12人（37.5％）であった。こ
れらの児童は、「おおきなかぶ」の教材で学んだ読み方を読書交換日記に
おいても活用していた。

　また、I児やD児のように他の本との比べ読みをして書いている読書交

換日記もあった。

○I児（7月14日『おおきなかぶ』）

> かけごえが「あそれ」とかいてあるのがおもしろかったです。きょうかしょとはちがうどうぶつがでてきて、たのしいなーとおもいました。

○D児（7月17日『つきへミルクをとりにいったねこ』）

> ネコが1ぴきでいってたのに、どんどんついていくので、それがももたろうみたいでおもしろかったです。

　国語科「読むこと」で学んだ比べ読みを日常の読書で進んで活用できる人数はまだ少ないが、「読むこと」の学習で身に付けさせたい力を明確にして指導することにより、日常の読書交換日記においても活用する可能性があることが明らかになった。

（5）分析

　「おおきなかぶ」の教材で学んだ読み方（繰り返し出てくる言葉と繰り返されている出来事を見付け、根拠や理由を入れて感想をもつこと）を活かして7月7日に、繰り返しのある8冊の本から選び、読んでまとめたワークシート、単元終了後の7月14日に、宿題で繰り返しのある本を家庭で読んで書いた読書交換日記、さらに7月17日に、繰り返しのある本を読むことを指示しない宿題で書いた読書交換日記を対象とし、クロス集計を用いた分析を行った。ここでは、ワークシートや読書交換日記を3段階のルーブリック（表3-2）

表3-2　ルーブリック

評価	繰り返し出てくる言葉を見付ける力	感想を書く力
A	2つ以上正しく見付ける。	根拠、理由を明確にして感想を書く。複数書ける。他の本と比べている。内容が分かりやすい。
B	1つ正しく見付ける。	根拠、理由を入れて感想を書く。
C	正しく見付けられない。 書いていない。	感想を書けない。 書いていない。

により評価した。A、B、Cは到達レベルであり、Aを「十分到達している」、Bを「到達している」、Cを「到達していない」とした。

　繰り返し出てくる言葉を見付ける力について、7月7日①と7月14日②をクロス集計した結果は表3−3の通りである。それによると、7月7日①にAであれば7月14日②でもAが多いという関係があることが分かる。①にAまたはBだった児童29人中24人（82.8%）は、②もAまたはBになり、29人中5人(17.2%)はCになった。①にCだった児童の1人が②にAに上がった。

表3−3　繰り返し出てくる言葉を見付ける力
7月7日①と7月14日②の関係

①＼②	A	B	C	計
A	10人 (83.4%)	1人 (8.3%)	1人 (8.3%)	12人 (100%)
B	5人 (29.4%)	8人 (47.1%)	4人 (23.5%)	17人 (100%)
C	1人 (33.3%)	0人 (0%)	2人 (66.7%)	3人 (100%)
計	16人 (50.0%)	9人 (28.1%)	7人 (21.9%)	32人 (100%)

　繰り返し出てくる言葉を見付ける力について、7月7日①と7月17日③をクロス集計した結果は、表3−4の通りである。

表3−4　繰り返し出てくる言葉を見付ける力
7月7日①と7月17日③の関係

①＼③	A	B	C	計
A	2人 (100%)	0人 (0%)	0人 (0%)	2人 (100%)
B	1人 (11.1%)	5人 (55.6%)	3人 (33.3%)	9人 (100%)
C	0人 (0%)	1人 (100%)	0人 (0%)	1人 (100%)
計	3人 (25.0%)	6人 (50.0%)	3人 (25.0%)	12人 (100%)

　7月17日に、繰り返しのある本を進んで読み、読書交換日記に書いてきた児童は12人（学級の37.5%）であった。①にAまたはBだった児童11人中8人（72.7%）は③もAまたはBだった。

　感想を書く力について7月7日①と7月14日②をクロス集計した結果は表3－5の通りである。

表3－5　感想を書く力
（7月7日①と7月14日②の関係）

①＼②	A	B	C	計
A	6人 (66.7%)	3人 (33.3%)	0人 (0%)	9人 (100%)
B	5人 (26.3%)	12人 (63.2%)	2人 (10.5%)	19人 (100%)
C	0人 (0%)	1人 (25.0%)	3人 (75.0%)	4人 (100%)
計	11人 (34.4%)	16人 (50.0%)	5人 (15.6%)	32人 (100%)

　表3－5によると、①にAまたはBだった児童（28人）中26人（92.9%）は②もAまたはBになった。

　感想を書く力について、7月7日①と7月17日③をクロス集計した結果は表3－6の通りである。①にAまたはBだった11人は、③に教師の指示がなくてもAまたはBであった。そして、7月7日にCだった児童1人が7月14日にAに上がった。

表3－6　感想を書く力
（7月7日①と7月17日③の関係）

①＼③	A	B	C	計
A	2人 (100%)	0人 (0%)	0人 (0%)	2人 (100%)
B	5人 (55.6%)	4人 (44.4%)	0人 (0%)	9人 (100%)
C	1人 (100%)	0人 (0%)	0人 (0%)	1人 (100%)
計	8人 (66.7%)	4人 (33.3%)	0人 (0%)	12人 (100%)

次に、繰り返し出てくる言葉を見付ける力④と感想を書く力⑤の関係について調べた。7月7日の結果は表3－7、7月14日の結果は表3－8、7月17日の結果は表3－9に示した。

表3－7　7月7日の結果
繰り返し出てくる言葉を見付ける力④と感想を書く力⑤の関係

④＼⑤	A	B	C	計
A	8人 (66.7%)	4人 (33.3%)	0人 (0%)	12人 (100%)
B	1人 (5.9%)	14人 (82.3%)	2人 (11.8%)	17人 (100%)
C	0人 (0%)	1人 (33.3%)	2人 (66.7%)	3人 (100%)
計	9人 (28.1%)	19人 (59.4%)	4人 (12.5%)	32人 (100%)

表3－8　7月14日の結果
繰り返し出てくる言葉を見付ける力④と感想を書く力⑤の関係

④＼⑤	A	B	C	計
A	8人 (53.3%)	6人 (40.0%)	1人 (6.7%)	15人 (100%)
B	3人 (30.0%)	6人 (60.0%)	1人 (10.0%)	10人 (100%)
C	1人 (14.4%)	3人 (42.8%)	3人 (42.8%)	7人 (100%)
計	12人 (37.5%)	15人 (46.9%)	5人 (15.6%)	32人 (100%)

表3－9　7月17日の結果
繰り返し出てくる言葉を見付ける力④と感想を書く力⑤の関係

④＼⑤	A	B	C	計
A	2人 (66.7%)	1人 (33.3%)	0人 (0%)	3人 (100%)
B	3人 (50.0%)	3人 (50.0%)	0人 (0%)	6人 (100%)
C	3人 (100%)	0人 (0%)	0人 (0%)	3人 (100%)
計	8人 (66.7%)	4人 (33.3%)	0人 (0%)	12人 (100%)

　表3-7・3-8・3-9から、繰り返しの言葉を正しく見付けられる児童の多くは感想を書く力も身に付いていることが分かる。7月17日には、感想を書く力がCの児童は一人もいなかった。

（6）考察

　児童の読書交換日記の記述をルーブリックにより評価し、クロス集計した結果、短期間でも教科書教材で学んだ読み方を自分が選んだ本で活用することが可能であることが明らかになった。まだ進んで活用できる割合は高いとは言えないが、国語科単元でAまたはBの評価だった児童に関しては活用する力がついてきたと言える。これは、単元の学習の中で読み方の焦点化を図った図3-1のワークシートの内容を繰り返し使い、読み方に慣れてきたこと、さらに、読書交換日記の紹介により多様な読みを学び、自分に取り入れることができたからだと考える。

　個の変容について見ると、教材と8冊から選んだ本の読み取りはC評価であったが読書会での学び合いの後、自分の選んだ本から繰り返し出てくる言葉を正しく見付けることができるようになった児童もいる。また、学習に消極的だったが教師の肯定的評価により読むことに自信をつけ、日常生活においても意欲的に本を選び、学んだ読み方を進んで活用できるようになった児童もいる。

　読書指導の困難さを解決するための一つの方法として、国語科「読むこと」の単元のあり方を変えていくことが考えられる。筆者が実践してきた読書交換日記の場合は、家庭で書かせるだけでなく、国語科単元の中に関連づけて指導することにより、一人一人の本を読む力を高め、個人差を縮めていくことが可能であった。

　入門期において読書交換日記を国語科「読むこと」に関連づける方法は三つある。

　一つ目は、読書交換日記で多くの児童ができるようになった読み方を次の「読むこと」の単元で反復的に活用させる方法である。「たぬきのじてんしゃ」「かいがら」の学習で学んだ読み方（根拠、理由を入れて感想をもつ）を読書交換日記で活用できるようになった後、次の「おおきなかぶ」の単

元でも根拠や理由を入れて話の内容に対する感想を書かせた。このように同じ読み方を反復して行うことにより児童の読み方の定着を図ることができる。

　二つ目は、ある児童の新しい読み方を読書交換日記で発見し、それをみんなに紹介した後、その読み方が他の児童につながっていった場合、「読むこと」の学習に新しく取り入れる方法である。「おおきなかぶ」の単元では、繰り返しのある本を読んでグループで話し合う時に、ある児童の読書交換日記でできていた「他の本と比べる読み方」を取り入れることができた。このように、日常の読書交換日記から発見した児童の読み方を、国語科の「読むこと」の学習に取り入れることは、児童の実態に即した授業展開をすることになる。その結果、学級の児童は多様な読書力を身に付けていくことが可能になる。

　三つ目は、繰り返しのある本を読む学習と読書会で学んだ読み方を読書交換日記で活用できるようにする方法である。「おおきなかぶ」の読解で学んだ読み方を自分が選んだ本で活用した後、読書交換日記も同じ方法で書くことを指導することにより、児童は家庭でも自分が選んだ繰り返しのある本を同じ方法で読むこと・書くことができるようになった。また、読書会で学んだことを活かして読書交換日記を書くことを勧めることにより、比べ読みができるようになった児童もいる。児童に身に付けさせたい読書力を明確にしながら、読解と読書会を読書交換日記と結びつけることは、児童に本の読み方を習得させることにつながる。児童は、読み方を習得すると読むことに自信をつけ、読書交換日記を書くことに対する意欲を高めることもできる。

　小学校第1学年は、学校教育の基礎段階である。文字を書く学習と同様に、丁寧に読み方を指導していく必要がある。年間を通して、教師が読み方を指導しつつ、さらに児童から出てきた読み方を紹介したり、授業に取り入れたりすることにより、児童自身が本を選び、その内容に合わせて自分で読み方を選択できるようになることを目指していきたい。

第2節　感想の質を向上させるための比べ読み（第2学年）
―読書日記・自己評価活動と関わらせて―

　本節では、2016年度C小学校第2学年で行った国語科単元「ニャーゴ」（東京書籍）の中で読書日記をどのように活用したかについて紹介する。この実践の前には、「かさこじぞう」で昔話の比べ読みを行っており、児童は、意欲的に類似点や相違点を探し、表現の特徴や昔話の面白さを捉えることができていた。

　比べ読みは、低学年から指導することが可能であり、指導方法を工夫することにより、登場人物や作品に対する感想を広げたり深めたりすることができる。

　本節では、小学2年生の「読むこと」の授業に、同一作者の物語の比べ読みを取り入れ、感想を書く学習過程に、家庭で書く読書日記と自己評価活動を関わらせることにより、児童の感想の質が向上したことを紹介したい。

第1項　実践の方法

（1）比べ読み

○細（2016）で示した、比べ読みの際の分類の観点（3年生と6年生の場合）を基に、2年生の児童から出た意見を分類しながら観点を設定し、児童と共有する。児童はそれらの観点から選び、比べ読みをする。

○細（2016）で設定した、感想の内容を分類する観点を基に、読書会用の手引きや単元のまとめの感想を書く時に使う自己評価用のパワーアップカード（評価基準を示したもの）を作成する。児童は、複数の本を読みながらそれらを意識して感想を書く。

○教科書教材「ニャーゴ」とその姉妹編の『ちゅーちゅー』の比べ読みを取り入れ、類似点と相違点を捉える学習を行う。

○並行読書をしてきた本（宮西達也の本）から各自が気に入った1冊を選び、書く内容や書き方の例を示した手引きを参考にしながら、「ニャーゴ」で学習した読み方を活かして比べ読みをし、読書カードに感想を書く。

○読書カードを基に読書会で友達と話し合い、学び合う。

○さらに宮西達也の本を読み続け、比べることの面白さを感じたり、細
  （2016）で児童が書くことが少なかった「大事なこと」や自分の在り方
  についても考えたりして感想のまとめを書く。

（2）読書日記

方法1　普段から家庭で読書日記を書く

　　　　単元の最後に長い感想を書く抵抗を少なくするために、普段か
　　　ら宮西達也の本を読み、素直な感想を短い文章（ノート1～2ペー
　　　ジ）で書かせる。その中から使いたい内容を選び、単元の最後に
　　　感想をまとめさせる。

　　　　教師は、児童の読書日記を読み、児童の読み方や書き方、考え
　　　方について、赤ペンで肯定的に評価する言葉やアドバイスなどを
　　　書き、児童の書く意欲を高めるよう配慮する。

方法2　児童の読書日記を活用して読書会の手引き（感想の書き方の手引
　　　き）を作成する

　　　　児童の実態を基に書き方の例を示すことにより、すべての児童
　　　が書き方を理解して書くことができるようにする。

方法3　児童の読書日記を学級で紹介する

　　　　児童の読み方や書き方、考え方を紹介することにより、学級の
　　　児童が意欲をもって読書日記を書くことができるようにする。

方法4　児童の読書日記を活用して評価カード（パワーアップカード）を
　　　作成する

　　　　新しい視点で読んだり書いたりすることができた児童、感想を
　　　深めた児童等の読書日記を取り上げることにより、すべての児童
　　　が多様な読み方や感想の書き方を身に付けられるようにする。

（3）自己評価活動

　西岡（2003）、梶田（2007）、堀（2013）、田中（2016）の先行研究を考察し、
「自己評価」を次のように定義した。

> 　明確な複数の観点の評価基準を基に、自分で自分の意欲・態度・スキルを
> 多面的に振り返り、自分のよさや伸び、課題を自覚し、次の学習に向けての
> 改善点・目標を考える。

　本実践では、感想カードを書きそれを基に話し合う読書会と単元のまとめの感想を書く言語活動を設定する。その際、何をどのように書けばよいのか児童自身が意識することができるよう、学習前に読書会用の手引きやまとめの感想を書くためのパワーアップカードを示す。児童は書く途中にそれらを見ながら自己評価をし、感想の質の向上を目指すことができるようにする。

　自己評価は、評価基準の数字で行うものと振り返りの文章を書くものである。振り返りの文章を書く時には、多面的な自己理解に導くことができるよう、以下の図3－2「ふりかえりのわざ」を使わせる。

> ①どんなことが書けた、できたかというと……
> 　そのりゆうは……
> ②どんなことができなかったかというと……
> 　そのりゆうは……
> ③今までの自分とくらべてかわったことは……
> ④友だちの書き方でいいなと思ったことは……
> ⑤もっとがんばりたいこと、つぎのもくひょうは……
> ⑥このべんきょうで大じなことは……
> ⑦つぎに読みたい本は……
> ⑧家で読書をする時は、読書日記に書く時は……
> ⑨読んで友だちと話し合いたいことは……
> ⑩そのほか

図3－2　ふりかえりのわざ

　読書会の終了時には、振り返りの文章を書く自己評価、まとめの感想を書いた後は、評価レベルの数字と振り返りの文章を書く自己評価を行わせる。

（4）単元の中の読書日記と自己評価活動

　読書会の前から、図3－3の流れで読書日記と自己評価活動を関わらせる。

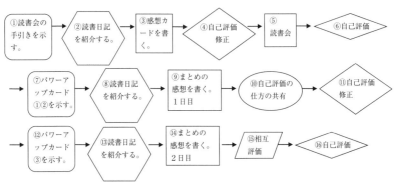

図3－3　読書日記・自己評価の関わらせ方

第2項　実践の概要

（1）単元名　同じ作者の本を読んで感想を紹介しよう（「ニャーゴ」東京書籍・2年下　他）

（2）実施月　2月下旬から3月下旬まで

（3）対象児童　C小学校第2学年1組23名

（4）教材

　教科書教材「ニャーゴ」と、類似点や相違点を見付けやすい同一作者（宮西達也）の本を対象とする。

○『にゃーご』の姉妹編
　『ちゅーちゅー』すずき出版（2010）
　『トラネコとクロネコ』すずき出版（2014）
○ティラノサウルスシリーズ
　『おれはティラノサウルスだ』ポプラ社（2004）
　『きみはほんとうにステキだね』ポプラ社（2004）
　『ぼくにもそのあいをください』ポプラ社（2006）
　『わたしはあなたをあいしています』ポプラ社（2007）

　　　『であえてほんとうによかった』ポプラ社（2009）
　　　『ずっとずっといっしょだよ』ポプラ社（2012）
　　○『ふしぎなキャンディーやさん』金の星社（2007）
　　○『まねしんぼう』岩崎書店（2015）等

　宮西達也の作品には愛情あふれる物語が多い。中心人物が、他の種類の登場人物と関わることにより気持ちを変化させ、友達や家族との絆を深めていく。また結末は悲しいものや続きを想像させるようなものが多い。1冊ずつ読むと登場人物に対し、悪い、かわいそうなどの否定的な感想が多く見られるが、複数の作品を比べることにより友達関係や親子関係の素晴らしさを感じたり批判的に読んだりすることが可能であると考えられる。さらに、自分と関連づけながら「優しさ」「友達」について考え、自分の願望をもつことができると考えられる。

（5）単元の展開（18時間）

次	時	学習内容
1		○教科書教材「ニャーゴ」を読む。
	1	・大型絵本『にゃーご』（宮西達也作）の読み聞かせを聞く。 ・面白いところやねこに対する自分の思いと理由を書く。
	2	・感想を交流し、学習課題（心に残ったところ、中心人物の気持ちの変化、他の本との比べ読み）、言語活動（読書会、まとめの感想を書く）を確認する。
	3・4・5	・中心人物の気持ちの変化について読む。（最初と最後の比較、変化した理由、話の終わり方について）
	6	・登場人物の行動や人物同士の関係から、心に残ったところを説明する。
	7・8・9	・『ちゅーちゅー』（宮西達也 作）と比べ、類似点と相違点を捉える。
	10	・「ニャーゴ」と『ちゅーちゅー』の話の終わり方について比べ、感想を話し合う。
2		○第1次の学習を活用して読書会を行う。
	11	・読書会の方法を知り、見通しをもつ。
	12・13	・これまで書いてきた読書日記を基に、読書会で使う本を選び、感想をカードにまとめる。
	14・15	・グループで読書会をする。（同じ本を選んだ児童は同じグループになる。違う本を選んだ者同士の場合は、話し合いができるように、相手の本を家庭で読み、読書日記に感想を書いておく。）
3		○宮西達也の本を比べ、感想をまとめる。
	16・17・18	・作者の複数の本を比べて感想をまとめる。振り返りをする。

第3項 授業実践

本項では、比べ読み（第7～9時）、読書会（第12時～15時）、まとめの感想（第16～18時）を取り上げる。

第7時

この時間の学習は、後に行う読書会やまとめの感想文を書く活動のために重要なものである。『ちゅーちゅー』の本を読み聞かせ、各自が教科書教材「ニャーゴ」と比べ、類似点をノートに書いた。その後、出た意見を表3－10の観点によりみんなで分類していった。

表3－10　児童が見つけた類似点

観点	児童から出た意見
登場人物	小さな子ねずみ3びき、ねこ
物	果物
会話	だれかが「だれだあ」と言う。 「ひひひ」と言う。 「おいしい……」と言う。
行動	大人が注意する。 子ねずみたちは自由。ひそひそ声で言う。 せなかにのせる。さそっている鳴き声をまねする。3回さけぶ。
様子	顔が赤くなる。口をとがらせる。
結果	鳴き声で終わっている。涙が出ている。
書き方	「そのときです。」という言葉がある。

第8・9時

第8時には、再度『ちゅーちゅー』の本を読み聞かせ、各自が「ニャーゴ」と比べ、相違点をノートの表にまとめた。第9時の話し合いの際には、第7時で児童の意見を分類した観点に、それ以外の児童がノートに書いていた「人物関係」の観点を加えて分類させた。表3－11は第9時の話し合いで児童が発言した内容（相違点）の一部である。

表３−11　児童が見付けた相違点

観点	ニャーゴ	ちゅーちゅー
登場人物	・１ぴきのねこ ・先生	・３びきのねこ ・村長
物	・ももの木	・バナナの木
会話	・ねずみが「だれだ」と言う。 ・「ニャーゴ」（こんにちは、さよならの意味）	・ねこが「だれだ」と言う。 ・「ちゅーちゅー」（大好きの意味）
行動	・先生がねこのことを生徒に教える。 ・人の言うことを聞かない。 ・ねずみたちがねこのことを知らない。 ・ねずみがねこに「だあれ」と聞く。 ・ねずみがうそをつかない。	・村長さんが注意する。 ・人に教えてもらう。 ・ねずみたちがねこのことを知っている。 ・ねこがねずみに「だれだ」と聞く。 ・ねずみがうそをつく。
結果	・最後は昼 ・ねこがなく。 ・一方的に約束する。	・最後は夜 ・子ねずみがなく。 ・呼び合う。
人物関係	・ねずみはねこに親切。ねこはなく。	・ねこはねずみを助ける。ねずみは助けられる。

第12〜15時
【読書日記　方法２】（第１項（２）より）

> 児童の読書日記を活用して読書会の手引き（感想の書き方の手引き）を作成する

　読書会の感想カードを書く時には、図３−４の手引きを参考にさせた。この手引きは、「ニャーゴ」で学習した内容やそれまでに児童が家庭で書いた読書日記の内容を取り入れたものである。これ以外にも本の内容に応じて自分で書きたいことがあれば積極的に書かせた。手引きは、すべての児童が抵抗なく書くための手立てである。

①～ところは、○○が……したところです。

　※本の文章をつかおう。

　※自分のことばでせつめいしよう。

②人ぶつの気持ちのへんか

　※（　　　　　）と思うようになった。

　※どんなことがあったからかわったのか。

　※だれに何をされたからかわったのか。

③自分だったら、自分と同じで、自分とはちがって、自分も前、ふつうだったら

④ほかの本とくらべると

　書き方のにたところ、ちがうところ（ばしょ、いつ、とうじょう人ぶつ、もの、くりかえし、さいごなど）

　人ぶつのにたところ、ちがうところ（せいかく、気持ち、ようす、「　　　　」、したこと、人ぶつと人ぶつのかんけいなど）、くらべてみて思ったこと

⑤その他

図３－４　読書会の手引き

【読書日記　方法３】（第１項（２）より）

読書日記を学級で紹介する

　図３－４の読書会の手引きを児童に渡した後には、以下の読書日記を学級の児童に読み、良さを紹介し、児童の書く意欲を高めるようにした。（下線は筆者による。以下同じ。）

○良さ１　下線部のように根拠を挙げている

児童Ａ（２月18日『ぼくにもそのあいをください』）

　ニャーゴとにているなと思ったところは一つあります。それは、トリケラトプスの子が友だちに会ってほしいと言ったら（きょうはトリケラトプスのごちそうがいっぱい食べられるぞ、ヒヒヒヒ）とティラノサウルスが思ったところです。ニャーゴでも、ねこが（おいしいももか。うん、うん。その後でこの３びきを。ひひひひ。今日はなんてついているんだ。）と思ったのでにていると思いました。

○良さ２　下線部のように自分の言葉を使って書いている

児童B（３月６日『ふじさんファミリー』）

> 　この本は、「ぼくにもそのあいをください」という本とにています。にているところは、あいし合っているところです。どこがあいしているかというと「ふじさんファミリー」はかぞくであいし合っていて、「ぼくにもそのあいをください」は一人があいしてあげたら、あいされた子が広げているところです。

　これらの書き方を参考にしながら自分の感想をカードに書き、図３－４の手引きを見て修正した後、グループごとに読書会を開いた。読書カードでは、図３－４の①については、「おもしろい」「明るい」「かわいそう」「残念」「ひどい」などの感想が多く、人物同士の関係の素晴らしさについて述べた児童は30％であった。手引きの②人物の気持ちの変化を捉えている児童は83％いた。手引きの③「自分だったら」などについては78％の児童が書いていた。これまでの細（2016）では、３年生も６年生も「これからの自分」について進んで書くことが少なかったため、今回の手引きには入れなかったが、39％の児童は「これからの自分」を進んで書いた。手引き④については、授業で学習した類似点や相違点を部分的に取り出す児童が多く、人物関係について比較した児童は22％だった。

第16〜18時

【読書日記　方法４】（第１項（２）より）

児童の読書日記を活用して評価カード（パワーアップカード）を作成する

　作成したパワーアップカードは表３－12と表３－13である。表３－13は、友情という言葉を使っている児童Cの読書日記を参考にして作成したものである。

児童C（２月16日『ずっとずっといっしょだよ』）

> 　ぼくは、この本のシリーズは、かんどうすると思いました。わけは、色いろな友じょうものがたりがあるからです。（略）

単元最後のまとめでは、読書会で使った本または他の本について書くこととし、表3−13のパワーアップカード2も参考にしながら、作者の複数の本を比べ、素晴らしいところや大事だと思うこと、これからの自分について新たな視点で書くことができるようにした。

表3−12　パワーアップカード1

人が読んでもいみが分かる	3	主語（「だれが」・「何が」）、「だれに」を、すべて書いている。
	2	主語（「だれが」・「何が」）、「だれに」を、だいたい書いている。
	1	主語（「だれが」・「何が」）、「だれに」を、書いていないのでよく分からない。
本の文しょう自分のことばがある	3	本の題名と文しょうを書いて、自分のことばでせつめいしている。
	2	本の題名と文しょうを書いている。自分のことばではせつめいしていない。
	1	本の題名・文しょうも自分の言葉も書いていない。
表3−13のⅠ・Ⅱがある	3	ⅠとⅡを書いている。
	2	ⅠかⅡのどちらかを書いている。
	1	どちらも書いていない。
くらべた本の数	3	3さつ以上の本の題名を書いている。
	2	2さつの本の題名を書いている。
	1	1さつの本の題名しか書いていない。

表3－13　パワーアップカード2

Ⅰ	① すばらしいところ・大じなことは（友だちどうしのこと・子どもと親のこと　など）	・「おれは……　　　　」の○○は、△△が……時に……したのですばらしいです。「きみは……」の□□も……。 ・「　　　　」の○○と「　　　　」の△△は、はじめは……けれども、さいごには……なりました。……にすると気もちがかわるんだなと思いました。 ・「　　　　　　」の○○が……したので、ぼくは、……ときには……することが大じだと思います。「　　　　　」の△△も……したので、同じだと思いました。 ・「　　　　　」と「　　　　　」から、あい手に……すれば……になると分かりました。 ・「　　　」の○○と△△は友だちになりました。「　　　　」の□□と◇◇もなかよくなりました。……すれば、友だちになれるんだと思います。
Ⅱ	② 自分がこれからしたいこと、考えたいこと	・「おれは……」の○○が……にしたところと「きみは……」の□□が……したところから、ぼくは今まで……と思いました。今は（……）と思います。 ・「　　　　　」の本で……なところから、わたしは友だちが……な時に……したいと思います。 ・「　　　」の○○は……したし、「　　　　」の△△は……しました。わたしは、今どから人が……時に……をしたいです。

（表3－13の「　　　」には本の題名、○△□◇には人物名が入る）

　パワーアップカード1・2を児童に渡し、説明をした後に、児童が書き方をイメージし、感想を深めることができるよう、次の読書日記を紹介した。

〈感動したことを書いている〉
児童D（3月3日『ぼくにもそのあいをください』）

> 　わたしは、ティラノサウルスがトリケラトプスをしっかりだきかかえてじっとうごかなくなった時、とても大切にしているんだなと思いました。その時、わたしは、<u>心がぽっとあたたかくなるのをかんじました。</u>

〈3つの話を取り上げて比べている〉

児童E（2月23日『まねしんぼう』）

> わたしは、男の子が言ったことをまねする妹がおもしろいです。このお話の全体を考えると「ニャーゴ」とだれかのことをまねするところがにていると思いました。このお話は「おかあさんだいすきだよ」のお話にもにていると思います。わけは、くりかえしにどちらともなっているからです。この本は、いろいろなお話とにているので宮西さんの本をまとめてみると、ティラノサウルスが出てくる話、ぶたくんが出てくる話、くりかえしの話、つづいていくものがたりがあると思いました。

【読書日記　方法4】（第1項（2）より）

児童の読書日記を活用して評価カード（パワーアップカード）を作成する

　　第16時の終了時には数人の児童が書くことができにくかったため、次のパワーアップカード3（図3−5）を追加した。このカードの作成に当たっては、普段から書くことが苦手な児童の読書日記の中から参考になるもの（児童F・Gの読書日記）を用いた。

> 宮西達也さんの本の中で考えよう。
> ①一番すきな人ぶつは、どの本のだれですか。理由も書きましょう。その人ぶつをどう思うか書きましょう。
> 　◇一番すきな人ぶつは、「　　　　」の……です。理由は、……からです。
> 　　……と思いました。……
> ②友だちになりたい人ぶつは、どの本のだれですか。理ゆうも書きましょう。その人ぶつをどう思うか書きましょう。
> 　◇友達になりたい人ぶつは、「　　　　」の……です。理ゆうは、……からです。……と思いました。……ときに、いっしょに……したいです。……ときに……してほしいです。
> ○よく分るように
> 　だれが（主語）、何を、だれに、などを書こう。
> 　本に書いてあったことを書こう。
> 　自分のことばもつかおう。

図3−5　パワーアップカード3

〈一番好きなところを書いている〉

○児童F（3月1日『ずっとずっといっしょだよ』）

> わたしはティラノサウルスがさいしょ弱かったけど強くなったところが一番すきです。わけは、プテラノドンがティラノサウルスを強くしてなんだかはずかしそうだからです。（中略）（プテラノドンありがとう）とその時思ったと思いました。

〈友達になりたい人物について書いている〉

○児童G（3月5日『きみはほんとうにすてきだね』）

> ティラノサウルスがスティラコサウルスたちをいじめていてまちがえてがけからおちました。ぼくは、ばちが当たったんだと思いました。海におちたテイラノサウルスをやさしいエラスモサウルスがたすけました。ぼくもこんなふうな友だちがいたらいいなと思いました。

第4項　実践の結果

（1）比べ読みの際の比較

　どのような観点を使って比べ読みを行っているのかを一人一人の記述から分類した。観点は、教科書教材「ニャーゴ」と絵本『ちゅーちゅー』の比べ読みの時に共有したものに、普段の読書日記に書かれていた「筋」を加えたものである（表3-14）。

　表3-14の観点を使って読書会の感想カードとまとめの感想に記述していた人数と割合を示したものが表3-15である。

　表3-15から、読書会の感想カードでは、多い人数ではないが、「ニャーゴ」と『ちゅーちゅー』の比べ読みで学習したこと（①「設定」②「行動・会話」③「性格・様子・気持ち」④「結果」⑤「人物関係」⑥「表現の仕方」）を活かした児童がいることが分かる。また、①「設定」②「行動・会話」④「結果」で2冊の本を比較する児童が多かった。

　最後のまとめの感想では、次に紹介する児童Hのように2冊以上の本を⑤「人物関係」に着目して比べる児童が増えた。パワーアップカード2の「すばらしいところ」や「大じなこと」について考えたため「助ける・助

けられる」「守る・守られる」等の関係について書く児童が増えたと考えられる。

表3−14　比較する際の観点と例

観点	例
①設定	登場人物、場所、時、物
②行動 　会話	うそをついた。 「ありがとう」と言った。
③性格 　様子 　気持ち	いじわる、明るい がんばる こわい
④結果	話の最後には……になった。
⑤人物関係	友達を助ける、家族と仲良し
⑥表現の仕方	……の言葉が使われている。
⑦筋	……ことが繰り返されている。

表3−15　児童が使った比較の観点と人数

観点	読書会の感想カード	まとめの感想
①設定	14人 （60.9%）	3人 （13.0%）
②行動・会話	11人 （47.8%）	4人 （17.4%）
③性格・様子・ 　気持ち	5人 （21.7%）	7人 （30.4%）
④結果	11人 （47.8%）	7人 （30.4%）
⑤人物関係	5人 （21.7%）	15人 （65.2%）
⑥表現の仕方	2人 （8.7%）	1人 （4.3%）
⑦筋	1人 （4.3%）	2人 （8.7%）

〈人物関係〉
○児童H

> 「おれはティラノサウルスだ」のプテラノドンも地めんにたたきつけられたティラノサウルスをたすけてあげたので、友だちを大じにしていると思いました。「ずっとずっといっしょだよ」のティラノサウルスも、「ずっとずっといっしょだよ」とプノンとやくそくをしました。ある日、ゴルゴサウルスにプノンがつかまって、やくそくをまもって立ちむかったので、本当の友だちだと思いました。

　次の表3－16は、読書会の感想カードとまとめの感想のそれぞれにおいて比較した観点の種類とそれを使った人数を示したものである。

表3－16　比較する時に使った観点の種類の数と人数

観点の種類	読書会の感想カード	まとめの感想
3種類	7人 （30.5％）	6人 （26.1％）
2種類	13人 （56.5％）	5人 （21.8％）
1種類	2人 （ 8.7％）	11人 （47.8％）
0種類	1人 （ 4.3％）	1人 （ 4.3％）

　表3－16から明らかなように、読書会の感想カードでは、約87％の児童が2種類以上の観点を使って比較することができた。
　単元のまとめの感想では、2種類の観点を使って比較した児童が読書会の感想カードを書いた時よりも減少したが、1種類の観点（特に人物関係）で比べ、根拠や理由を詳しく書く児童が増えた。

（2）内容

　感想の内容については、8つの観点により分類した。表3－17は、読書会の感想カードと単元のまとめの感想のそれぞれにおいて、感想の内容を分類する観点とそれを使った人数を示したものである。

表3－17　感想の内容を分類する観点と人数

観点	読書会の感想カード	まとめの感想
①肯定	21人 （91.3％）	23人 （100％）
②否定	18人 （78.3％）	12人 （52.2％）
③想像（人物の気持ちやその変化、人物の行動の理由）	19人 （82.6％）	9人 （39.1％）
④大事	1人 （4.3％）	11人 （47.8％）
⑤自分の経験	6人 （26.1％）	2人 （8.7％）
⑥自分との比較	10人 （43.5％）	4人 （17.4％）
⑦自分だったら 　普通だったら	18人 （78.3％）	9人 （39.1％）
⑧願望	9人 （39.1％）	19人 （82.6％）

　読書会の感想カードでは、①肯定、②否定、③想像、⑦自分だったら・普通だったらについての感想が多かったが、単元のまとめの感想では、①肯定、④大事、⑧願望が多くなった。これは、パワーアップカード1・2・3に示された内容に影響されたと考えられる。

　次に、観点①～⑧に関わる児童の記述から一部紹介する。

〈観点①肯定〉
○児童 I

> ティラノサウルスがゴルゴサウルスにかまれて、体がちだらけになっていた
> けど、さい後までプノンに教えてもらった体当たりをぜん力でゴルゴサウル
> スにして、プノンをゴルゴサウルスからすくい上げたところがかんどうしま
> した。

〈観点②否定〉
○児童 J

> ぼくは心の中で（いてててて）とかをティラノサウルスが言うのはずるいと
> 思います。わけは、プテラノドンはせい長したけどまだ力が弱いのに食べよ
> うとしたからです。

〈観点③想像〉
○児童 K

> はじめはやさしくなくても、エラスモサウルスにめぐりあえてやさしくなっ
> たと思いました。ぼくは、人にめぐり会うだけでもかわるんだなと思いまし
> た。

〈観点④大事〉
○児童 L

> ずっといっしょにいてからなかよくなるげんいんを作ることが大じだと思い
> ます。

〈観点⑤自分の経験〉
○児童 C

> 自分も前、昼ごはんにたこやきをたべたとき、ほとんどひとりじめをしてし
> まいました。ぼくは、そのあとはんせいしました。

〈観点⑦自分だったら、⑥自分との比較〉
○児童J

> 自分だったらどんなにいたそうにしていてもティラノサウルスはたすけません。でもプテラノドンはお父さんに教えてもらった「どんな時でもだれかをたすけるんだよ」と言われたからプテラノドンはゆう気を出してティラノサウルスにのっていた岩をどかしてあげたからプテラノドンは自分よりゆう気があるんだなと思いました。

〈観点⑧願望〉
　〈 〉は願望の内容、（ ）は似たことを書いた児童数を表している（筆者による）。
○想像の世界に入って登場人物と何かをしたいと願う
　　児童C　ぼくがつかれたときとかにいっしょに話をしたいです。話がはずみそうだから。〈会話〉
　　児童M　クロネコと友だちになって、水えいのとき、いっしょにクロールをおよぎたいです。〈水泳〉（2名）
○将来の理想を述べている
　　児童G　マイアサウラのお母さんのようにほかのかぞくの人も一しょにそだてたいです。〈育児〉
○具体的ではないが自分がしたいこと、なりたいこと、してほしいことを書いている
　　児童N　わたしも人にやさしく親切になりたいです。〈親切〉（10名）
○具体的に自分がしたいこと、なりたいこと、してほしいことを書いている
　　児童F　これからわたしはさんしろうみたいにすねたりして自分のへやにいくんじゃなくてかぞくといっしょにいたいです。〈家族との過ごし方〉
　　児童M　ティラノサウルスみたいにわるいことやできないことをしょうじきに言いたいです。〈正直〉
　　児童A　プテラノドンやティラノサウルスみたいに友だちがいない人を

　　　　見つけたら「友だちになろうよ」とさそってあげたいです。〈誘
　　　　う〉
児童O　友だちがいじめられている時やこまっている時、「いけないよ」
　　　　とか「どうしたの」と言ったり、いけないことをしていたら親
　　　　せつにちゅういしてあげたいです。〈注意〉（1名）
児童I　自分がこれから学びたいことは、人がいけない思いこみをして
　　　　いたら自分が正しいことをさせてあげることです。〈偏見を正す〉
児童N　友だちのことを先にいろいろ考えてあげてしん用されたいで
　　　　す。〈思いやり・信用〉（8名）

　読書会の感想カードとまとめの感想のそれぞれにおいて、感想の内容を
分類する観点の種類の数とそれを使った人数を示したものが表3−18であ
る。
　読書会の感想カードでは、手引きを基に約91％の児童が3種類以上、約
57％の児童が5種類以上の観点を使った。まとめの感想では、パワーアッ
プカードにより約87％の児童が3種類以上、約52％の児童が4種類以上の
観点を使った。

表3−18　感想の内容の種類の数と人数

観点の種類の数	読書会の感想カード	まとめの感想
7 種類	1人（ 4.3%）	1人（ 4.3%）
6 種類	3人（13.1%）	2人（ 8.7%）
5 種類	9人（39.1%）	6人（26.1%）
4 種類	5人（21.8%）	3人（13.1%）
3 種類	3人（13.1%）	8人（34.8%）
2 種類	1人（ 4.3%）	2人（ 8.7%）
1 種類	1人（ 4.3%）	1人（ 4.3%）
0 種類	0人（ 0%）	0人（ 0%）

　始めの頃は、「○○が△△を助けたから優しい」という書き方で終わる

場合が多かったが、単元のまとめの感想では、86%の児童がパワーアップカードに沿って自己評価をしながら、友達関係や家族関係に着目し、以下の内容を素晴らしいと表現することができるようになった。（　）は同様のことを書いた児童数である。

○相手に言われたこと、約束したことを素直に守り、努力をする。（7名）

○友達に対して正直に言う。（1名）

○人の良い所をまねする。

○大変な状況（相手が自分よりも大きい、泳げない、地震が起きる等）であっても友達を助ける。（5名）

○お互いに助けたり助けられたりする。（2名）

○弱い立場の友達に教える。

○違う種類の仲間を守る、育てる。（6名）

○相手を強く変えようとする。相談にのって励ます。（1名）

○友達を喜ばせる言葉（ありがとう、大好き）を言う。（5名）

○力の強い者にはっきり言う。

○相手を看病したり、必要なものを取ってきてあげたりする。（1名）

（3）比較した本の数

　表3−19に示しているように、まとめの感想では、3冊を比較する児童（43.5%）や2冊の比較とそれらとは異なる2冊の比較をする児童（17.4%）もいた。これは、パワーアップカードとそれまでに書き溜めてきた読書日記によるものと考えられる。

表3−19　比較した本の数と人数

比較した本	人数（割合）
3冊を比較	10人（43.5%）
2冊（AとB、CとD）を比較	4人（17.4%）
2冊（AとB）を比較	8人（34.8%）
比較していない	1人（4.3%）

　以下、児童のまとめの感想を紹介する。（下線、上付き数字、囲みは筆者による。）

〈3冊を比較〉

○児童P

　「ずっとずっといっしょだよ」のティラノサウルスのすばらしいところは、ティラノサウルスが強くなって友だちになったプノンに会いに行くために、プノンに教えてもらったほえ方、木のおり方、岩のもち上げ方のれんしゅう、たいあたりのし方をれんしゅうしたところです。わけは、よわむしでこわがりのティラノサウルスがプノンに会うために岩をもちあげたからです。しかもほえかたが「ガオー」になったからです。

　「ずっとずっといっしょだよ」のティラノサウルスがプノンを たすけた 所から、わたしは、今までゆう気があるなと思っていましたが、今はあこがれると思いました①。また、「きみはほんとうにステキだね」のティラノサウルスがおぼれていた時、たすけたエラスモサウルスがまたはんたいにおぼれていた時、ティラノサウルスがおよげないのに たすけた ところもすばらしいと思いました。そこからは、友だちがけがをしている時「だいじょうぶ」とおたがいに声をかけたいと思いました②。「あいしてくれてありがとう」でも たすけた ところがありました。ティラノサウルスは、パウパウサウルスに出会い、ある日のこと、じしんがおきてティラノサウルスはだきしめてじしんからパウパウサウルスをまもりたすけたところです。3さつの中で一番すきなティラノサウルスは、「きみはほんとうにステキだね」のティラノサウルスです。わけは、およげないティラノサウルスなのにおぼれたエラスモサウルスをたすけ、よわらずに生きていたからです③。

※この児童は、波線部①②のように、自分の変化した思いを付け加えたり、自分の在り方を書いたりすることができた。また、同一人物が助けることに着目して3冊を比べ、波線部③のように一番好きな本の人物とその理由を書くことができた。

〈2冊の比較を2種類〉

○児童A

　「ふじさんファミリー」のさんしろうと「キツネのお父さんがにっこりわらっていいました」のキツネのお父さん

　はじめのさんしろうは、ふじママが赤ちゃんのせわばっかりしてかなしく

てわがままばかりを言ったら、おこられて家を出て行ったし、はじめのキツ
ネのおとうさんは、ブタをとってきて食べてやろうと思っていました。でも、
さいごには、さんしろうは、家でしていなくなったさんしろうをみんながさ
がして見つかって、さんしろうがねごとであやまったし、ブタたちが、キツ
ネに食べられると知らないでキツネのおとうさんにやさしくしたので、キツ
ネのおとうさんは、ブタい外のものを持って帰りました。だれかにやさしく
してもらうと気もちってかわるんだなと思いました④。

　「ずっとずっといっしょだよ」のプテラノドンは、ティラノサウルスがみ
んなににげられている時に「友だちになってあげる」と言ったのですばらし
いです。「きみはほんとうにすてきだね」のティラノサウルスもエラスモサ
ウルスが「友だちはいない」と言った時「じゃあ、おれが友だちになってやる。」
と言ったのですばらしいと思いました。これからは、プテラノドンやティラ
ノサウルスみたいに、友だちがいない人を見つけたら、友だちになろうよと
さそってあげたいです⑤。

※この児童は、2冊の類似点から、波線部④のように人物との関わりによ
　り気持ちが変化することや波線部⑤のように自分の在り方を考えること
　ができた。

〈2冊を比較〉
○児童Q

　「ずっとずっといっしょだよ」と「おれはティラノサウルスだ」で、たす
けてあげるのがはんたいだと思いました。「ずっとずっといっしょだよ」は
ティラノサウルスがプノンをたすけて、「おれはティラノサウルスだ」は、
プテラノドンがティラノサウルスをたすけてあげたからはんたいだと思いま
した。ぼくは、どっちもたすけて天才だなと、どっちの本も読んですごいな
と思いました。

※この児童は、読むこと、書くことに抵抗がある児童であったが、比べ読
　みに対しては意欲的になり、互いに助け合うことのすばらしさを表すこ
　とができた。

（4）児童の感想の変容

　児童Rを対象とし、読書日記・自己評価との関連を示しながら、読書会から単元のまとめの感想までの変容を見ていく（下線は筆者による）。以下に、学習の流れを示した図3－6と児童Rの感想を紹介する。図の『　』は、児童Rが自分で選んだ本である。

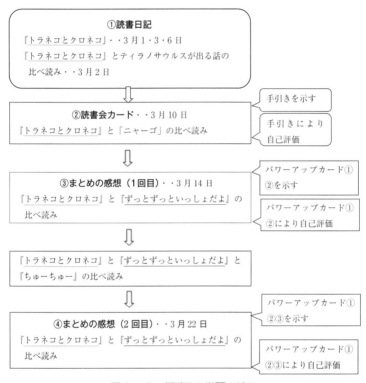

図3－6　児童Rの学習の流れ

①読書日記

3月1日『トラネコとクロネコ』

　今日は、トラネコとクロネコを読みました。このお話の<u>おもしろいところは</u>、たとえば「ぼくは、（ニャーゴ）って鳴くけどきみは（ニャンニャン）ってへんてこだよな。」と、トラネコが言うと、クロネコがいいかえして、<u>く</u>

りかえすところです。自分がクロネコだったら、いいかえさずに、にげてい
ると思います。

　クロネコは、はじめ、いいかえして、トラネコを大じにしていなかったけど、
さい後、トラネコがこけたとき、たすけたから、わたしは、やさしいところ
もあるんだなと思いました。

※児童Rは、繰り返されているところを面白いと感じ、人物の優しい一面
　を捉えた。

3月2日『トラネコとクロネコ』

　今日、「トラネコとクロネコ」とティラノサウルスがでるお話をくらべま
した。にているところは、たすけるところです。ちがうところは、人ぶつ、
きらわれているかです。ティラノサウルスのお話は、だれも近づかないくら
いだけど、トラネコとクロネコは、けんかぐらいです。

※比べ読みをし、助けるという共通点と人物関係についての相違点を書い
　た。

3月3日『トラネコとクロネコ』

　トラネコとクロネコはなかがいいと思います。わけは、けんかしたところ
もあるけど、こけたらたすけるし、しらない人だったらけんかはなかなかす
ることないし、だから二人はけんかするくらいなかがいいと思います。

※人物同士の関係に着目し、仲の良さを捉えた。

3月6日『トラネコとクロネコ』

　わたしは、クロネコとトラネコはかわったと思います。クロネコは、さい
しょいいかえしたけどさいご、トラネコがこけたときたすけたからです。ト
ラネコもさいしょいいかえしたりしたけどさいご、「ブルースくん。きみの
ことすきだよ。」といったからです。たぶん、人のとくいなこと、自分のと
くいなことがあるとわかったからだと思います。

※二人の行動が変化したこととその理由を書いた。

②読書会の感想カード（3 月 10 日　他の本と比べると）

> 「トラネコとクロネコ」と「ニャーゴ」のにているところ
> は、トラネコのたまがいることと、ももが出てくるとこ
> ろです。ちがうところはももの木のとことおちているこ
> とです。あと、たまがねずみを食べようと思っていると
> こともももを食べようと思っているところがちがいます。
> わたしは、くらべてみて同じさくしゃでもちがうところ
> がよくあるんだなと思いました。

※「読書会の手引き」（図 3 - 4）の④を選び、2 冊の本の共通点と相違
　点について読書会で話した。

③まとめの感想【パワーアップカード①②を見て】

3 月 14 日（1 日目の感想）

> 「トラネコとクロネコ」のクロネコはトラネコがこけたとき「だいじょうぶ、
> おいしゃさんのところにいこう」というかんじにやさしくしたので、わたし
> は、こまった人がいたら自分ができることをすることが大じだと思います。
> 「ずっとずっといっしょだよ」のプノンも、ティラノサウルスをつよくしよ
> うとしたからおなじことだと思いました。

【パワーアップカード①②を見て自己評価後】

> 「ちゅーちゅー」のねこも、子ねずみがバナナをとろうとして、手をはな
> した時子ねずみをたすけようとまっさかさまになってたすけたからゆう気が
> あって、「トラネコとクロネコ」と「ずっとずっといっしょだよ」は自分が
> できることをやっているからお話はいっしょだと思いました。でも、「ちゅー
> ちゅー」のねこはしぬかもしれないのにやったから、たすけたけどちょっと
> ちがうと思いました。

※３月14日に２冊『トラネコとクロネコ』『ずっとずっといっしょだよ』の比べ読みをした後、もう１冊の本『ちゅーちゅー』の登場人物の行動と比べ、単に優しいと捉えるだけでなく、自分にできる助け方と危険な助け方があることを感じることもできた。

④まとめの感想【パワーアップカード①②③を見て】

3月22日 （２日目の感想）

> 「トラネコとクロネコ」のクロネコがふつうは、けんかしてる時は、むしすることが多いのに、むししないでたすけたところから、これからは、友だちがこまった顔をしてたら声をかけたいと思いました。
> 一番すきな人ぶつは、「ずっとずっといっしょだよ」のプノンです。理ゆうは、ティラノサウルスを強くしようとしたからです。ちがうしゅるいなのにかんたんに話してえーと思いました。友だちになりたくない人ぶつは「トラネコとクロネコ」のトラネコです。理ゆうはたすけたり人のやくにぜんぜんたってないからです。

※児童Rは、自分が選んだ３冊の本から一番好きな人物を選ぶとともに、「友だちになりたくない人ぶつ」も選び、批判的に書くことができた。
３月14日は、「自分ができることをすることが大じだ」と書いたが、３月22日は、具体的な行動として「声をかけたい」と書いた。

第５項　成果

　読書日記と自己評価を比べ読みに関わらせることにより、小学校第２学年において次のことが可能になった。

①普段から比べ読みをし、読書日記に類似点や相違点を書いたり、人物に対する感想を書いたりすることにより、単元のまとめの感想では、３冊を同時に比べ、同じ作者の本の面白さを捉えることが可能となった。読書日記を書き続けることにより、複数の本の内容を覚えており、まとめの感想を書く際、本を最初から読み直さなくても容易に比べ読みをすることができた。

②友達の読書日記を参考にすることにより、読み方や書き方のヒントにな

り、書くことに抵抗がある児童も、2冊を複数の比較の観点で比べたり、複数の観点をもって感想をまとめたりすることができるようになった。

③読書会の手引きやパワーアップカードに示された内容を意識することや、友達の読書日記の紹介を聞くことにより、これまで「優しい」「すごい」という一言と簡単な根拠の文を書いていた多くの児童が、一人の登場人物だけを部分的に見るのではなく、話を全体的に捉え、人物関係に着目して比べ読みをすることができるようになった。

④読書日記に複数の人物に対する感想を書くことにより、自分の好きな人物、モデルとなる人物を選ぶことが容易にできた。また、これからの自分の友達関係や家族関係について考えて書くことも可能であった。細（2016）では3年生も6年生もこれからの自分について書く児童は僅かだったが、自己評価の観点として示せば、それも可能であることが明らかになった。

　本実践では、同一作者の本の比べ読みを、読書日記・自己評価活動と関わらせながら行うことにより、小学校2年生の感想の質を向上させる可能性を示すことができた。

第4章　中学年の読書日記の実践

第1節　児童同士の交流（第3学年）

　本節では、児童同士が読書日記を読み合うという交流に焦点を当て、読書の広がり、児童の読書力の形成について紹介する。

第1項　交流の方法

　B小学校3年2組で実践した翌年（2013年）度、同小学校3年1組に対する読書日記指導においても以下の4つの視点を設定した。

　　視点1　**個に応じた教師の朱書き**
　　　　児童の身に付いた読書力を認め褒めたり、助言をしたり、感想を深めたいことについて質問を書いたりする。
　　視点2　**児童の自己評価**
　　　　自分の読書生活や読書日記を振り返り、読書日記に自分の課題や伸び、目標などについて書く。
　　視点3　**教師と児童との音声による対話**
　　　　休憩時間に本の選び方や読書に対する思い、読書の様子等について対話する。
　　視点4　**学級に対する教師の取り組み**
　　　　児童の読書日記を朝の会で読み聞かせたり、教室に展示して読み合ったりする。

　細（2013b）のB小学校3年2組の実践では、視点1・2・3を設定し、教師が児童一人一人に対して直接指導することにより読書力の多くが形成されることが明らかになった。それとともに視点4の学級で読書日記を紹介する取り組みにより、友達の読み方や読書日記の書き方を参考にして読書日記を書く姿や、友達の読んだ本を読む姿、休憩時間に友達と一緒に本を読む姿が見られるようになった。

　さらに、視点1と4に改善を加えることにより、集団での学び合いができ、多様な読み方が集団に広がるとともに、一人一人の多様な読書力の形成が期待できるのではないかと考え、3年1組38名に対して読書日記指導を行った。

　全体で学び合える読書日記の場合、視点1の朱書きをする際は、個に対してだけでなく、学級の児童全員に対するコメントにもなるようにした。視点4では、児童が友達の読書日記をじっくり読み、学ぶことができるようにするため、「読書の広場」（図4－1）を作成した。

　これは、日頃の児童の読書日記から学級の児童に紹介したいもの（3〜6人分）を選び、朱書きしたコメントと共に印刷するA4、1枚の読書通信である。1週間に1〜3回、朝の会で児童に配布した。「読書の広場」に載せる作品は、学級全体で学び合える内容や表現のものにするが、載る児童が偏らないように配慮した。児童と約束したことは、4月から7月までに全員1回は「読書の広場」に載せること、学び合えるものがあれば2回目、3回目で載ることもあり得ることである。

　「読書の広場」に載せていないものでみんなに読んでほしいものについては、教室に展示した。

第2項　交流の実際

　6月末までに「読書の広場」を13号出しており、38人中36人の児童の読書日記を載せた。

　本項では、「読書の広場」を読み合うという交流を行うことにより、伝記や人物に関する本を読み、「解釈」や「熟考・評価」等ができた児童、同じ本を読んだ友達の読書日記に対して自分の思いや考えを書くことがで

読書の広場

○○さん
アンデルセンどうわ

　ぼくのすきな本は、「アンデルセンどうわ」です。どういうところがすきなのかというと、読んだらその本の中にいるような気がするところです。とうじょう人物がとんだときは、ぼくがとんだようなかんじがするし、こけたときは、こけたようなかんじがします。ぼくはこの本が大すきです。

> 先生から：本を読むとそのせかいに入ったかんじになりますね。それが読書の楽しさですね。
> 　　　　　ほかに、イソップどうわやグリムどうわがあります。学級文庫にあるので今度読んでみてください。

○○さん
にじいろたまご

　わたしは、「にじいろたまご」というお話で、「つぎの日、おうさまはかがみをみてびっくり。かみのけがにじいろになっているではありませんか！なんてへんてこなんじゃ」というところがすきです。なぜかというと、にじいろのたまごのオムレツを食べてつぎの朝おきてかがみを見るとかみのけがにじいろになっていたのがとてもおもしろかったからです。本当は、かみのけは黒いのに、にじいろたまごのオムレツを食べたらかみのけの色がかわったのがおもしろいです。

> 先生から：本のせかいでは、ふつうの生活でおきないことがおこって、おもしろいですね。

○○さん
ふぶきのあした

　わたしは、「ふぶきのあした」という本を読んで、いろいろなことに心がうごきました。
　一番びっくりしたことは、オオカミのガブとヤギのメイがなかよくなったことです。ふつうは、目の前にごちそうがいれば食べるのに、なぜ食べなかったかというところです。その理由は、もう友だちになったからだと思います。
　一番心にのこった言葉は、「やっぱり友だちだな。」というところです。ずっとなかよくしていたいなと思ったんだと思います。
　この本を読んで、オオカミとヤギはなかがわるいと思っていたけれども、なかのいいオオカミとヤギもいるのだなと考えるようになりました。

> 先生から：人物の気持ちを考えましたね。自分の考えがかわったことを書いているところもよいですね。
> 　　　　　ガブとメイはどうして友だちになることができたのでしょう。

○○さん
おばあさんのねこになったねこ

　おばあさんのねこになったねこは、さいしょはわるいねこでしたが、おばあさんとであって、えさをもらったり、やさしくしてもらったりしたので、いいねこになりました。ぼくは、わるいねこよりやさしいねこが大すきです。ほかのねこもおばあさんにひろわれたので、やさしいねこになりました。
　人にやさしくするとされた人もやさしくなれることがわかりました。ぼくも人にやさしくなりたいです。

> 先生から：さいしょとさいごをくらべていますね。動物（ねこ）の様子からわかったことと自分のありかたを書いたところがよいですね。

図4－1　読書の広場

きた児童、自分（たち）との関連づけができた児童を取り上げる。

　以下に、「読書の広場」に載せた児童の読書日記や展示した読書日記の中から紹介する。Ｔは教師のコメント（朱書きしたこと）である。下線部は読書力が表れたところである。〈　〉内の番号は、図１－３「筆者が考える読書力」の番号である。

（1）伝記や人物に関する本を読み、「解釈」や「熟考・評価」等ができた児童

　A児は、読書日記を書き始めた４月から人物に関する本に興味をもっており、『ナイチンゲール』『野口英世』『ジャンヌダルク』『ガンジー』『アンネ・フランク』の感想を書いていた。そして、４月29日には以下の文章を書いた。筆者は、これを契機に他の子どもたちにも伝記に出会わせたいと考え、「読書の広場」３号（４月30日）で紹介した。

○A児の読書日記『こどもに伝えたい五十人のおはなし』

> 　ぼくは、「こどもに伝えたい五十人のおはなし」という本がすきです。理由は、ゆう名な人の名前やせいかくを知ることができるからです。たとえば、野口ひでよやエジソン、ガリレオなどのゆう名な人を知る本です。これからもいろいろな本を読んでいきたいと思います。

Ｔ：伝記を読むとその人のすばらしいところを感じることができますね。

　A児の読書日記では、内容に対する自分の感想をもつこと〈読書力⑤〉ができており、人物に関する本を読みたいという意欲〈読書力⑧〉が表れていた。

　５月９日にはB児が、初めて読んだ伝記のあらすじと感想をノート２ページ以上書いてきた。筆者は感想の書き方の一例として次の読書日記を朝の会で紹介し展示した。

○B児の読書日記『みんなの伝記』「ヘレンケラー」

> （前略）ヘレンさんはだんだん大きくなって食事の時に、手で食べ物をとったり、人の食べ物も手づかみでとったりしたので、サリバン先生はゆるしません。私はその気持ち、分かると思いました。私は、ヘレンさんのように、できなかったことをいっしょうけんめいやることをこの本から学びました。

T：伝記からは人の生き方を学ぶことができますね。ほかの人の伝記も読んでみるといいですね。

　B児は、人物の気持ちに共感することや自分が人物から学ぶこと〈読書力④〉ができていた。

　5月13日には、『モーツァルト』を選んで読み〈読書力②〉、以下のように感動したところを書いた〈読書力⑤〉。この文章には、自分の経験を思い出したことや「私だったら」と考えたこと、自分の願望〈読書力⑥〉も書かれていた。

○B児の読書日記『みんなの伝記』「モーツァルト」

> 　私は、かんどうした所がいくつかあります。
> 　一つ目は、赤ちゃんのころにとても音楽が大すきで、よちよち歩きができるようになると、お姉さんのピアノのいすによじのぼってはピアノのけんばんをたたき、音を出してよろこんでいました。私はその文章を読んで、私も音楽がとても大好きで、けんばんをたたいてよろこんだことが小さいころあったむかしのことを思い出してしまいます。なつかしい。
> 　二つ目は、すごいと思ったことです。モーツァルトが5さいになってピアノをひかずになにやらいっしょうけんめい書いているのです。「ボルフガング何してるの？」「作曲していたんだよ。」「まあ、自分の名前もまんぞくそうに書けないくせに、作曲なんて。」お姉さんがいいました。「これをボルフガングが書いたって！？」。なにもかもがきそくにしたがって、正しく書かれていたからです。私だったら頭をつかって考えきれないからです。私も作曲をしてみたいです。

T：思い出したところがいいですね。

　C児は、A児の読書日記を参考にして『野口英世』を読み、5月13日に次のように書いた。

○C児の読書日記『野口ひでよ』

> ぼくはこの本を読んで、野口ひでよがやけどをしていたそうだと思いました。

T：つづきのかんそうを教えてください。

　C児は、その後の感想で「野口ひでよはやけどをして、病院もなくてなおせなかったのがざんねんそうでした。」と書いた。C児は、人物の思いを感じ〈読書力④〉、その後『コロンブス』を選んで読んだ〈読書力②〉。

　D児は、学校図書館や市立図書館で伝記を進んで借りて読んでいた〈読書②⑧〉ので、この児童をみんなの前で褒めた。D児は、A児やB児の読書日記を読んだ後、読書日記の中で伝記が好きだと述べたので、筆者は物語を読むことが多い児童に伝記の良さを知らせたいと考え、「読書の広場」7号（5月15日）で次の読書日記を紹介した。

○D児の読書日記　私のすきな本

> 　私のすきな本は、伝記の本です。伝記の本を図書室でも図書館でもよくかりています。読むうちに（この人はこういうふうにがんばったんだな。）と分かってきます。
> 　その中で一番好きな本は、「すぎはらちうね」です。なぜなら六千人もすくった人だからです。ビザというものをつぎつぎかいてわたしてあげるといのちがたすかるのです。でも、なぜビザをわたすといのちがたすかるかふしぎです。
> 　もっといろんな伝記の本を読みたいです。いろんな人を見て、感じて、いい発見をしたいです。

T：いろいろな人のすばらしいところを感じてください。

　D児は、伝記を読むことに対する思い〈読書力⑧〉、一番好きな伝記の本とその理由〈読書力⑤〉について書いた。
　E児は、D児の読書日記を読んだ日に同じ『杉原千うね』の本を読んだ。

筆者は、朝の会でE児の以下の読書日記を紹介した後、これを教室に展示した。

○E児の読書日記『杉原千うね』

> 　千うねが「せんそうもなくなりますか。」と言う文がすきです。理由は、千うねのせんそうをとめたい気持ちがわかる文だからです。千うねのお父さんが千うねをはげます場面もすきです。それははげますことはいいことだからです。
> 　千うねがユダヤ人をたすけるところが心にのこりました。千うねは、人にたのまれたことをする千うねでした。とてもすごいです。
> 　千うねのことがしっかりわかったので144ページまで読みたいです。

T：千うねは人を大切にする人ですね。

　E児は、好きな文を引用し〈読書力③〉、人物の気持ちを考えたり〈読書力④〉、人物に対する感想を書いたりした〈読書力⑤〉。そして続けて読もうという意欲をもった〈読書力⑧〉。
　F児は、A児が読書日記に書いていた『野口英世』を読み、D児の感想と筆者のコメント「すばらしいところを感じてください。」を読んだ日に以下のように書いた。

○F児の読書日記『野口英世』

> 　わたしは「野口英世」の本を読んで、すばらしいなと思ったことがあります。「野口英世」は、小さい時にひどいやけどをしてしまいました。そのため、左手のゆびは内がわにまがってちぢんでのびないようになってしまいました。それなのに、「野口英世」には医者になりたいというゆめがあったので、たくさん勉強をしました。わたしは、手が不自由なのに勉強をしてすばらしいと思います。

T：ゆめがあれば強くなれるのですね。

　F児は、人物のすばらしいところについて書いた〈読書力⑤〉。

　D児は、E児とF児に影響を与えた児童であるが、G児が読んだ伝記を借りて読むこともでき、自分の読書日記が「読書の広場」7号に載った日に以下の文章を書いた。

○D児の読書日記『ふじこ・Ｆ・ふ二お』

> 　この人は、ドラえもんなどを作り出した人です。この本は、Gさんが読んだと言っていました。そうしたら、私はなぜか「へー私もかりようかな。」と思いました。（後略）

Ｔ：友だちが読んだと聞けば読みたくなりますね。

　D児の読書日記には読む意欲〈読書力⑧〉が表れていた。
　H児は、A児が書いていた『エジソン』を読み、D児の読書日記を読んだ日に以下のように書いた。

○H児の読書日記『エジソン物語』

> 　私は、この本を読んで感動したところがあります。それは、エジソンがみんなのためにつらいけんきゅうをしてもっと楽にすごしてもらいたいと強く心に感じたところです。
> 　私は伝記の本を読んだのははじめてです。それで一番すきなしゅるいの本になりました。これからもいろいろな本を読んでいきたいです。

Ｔ：ぜひいろいろな人の伝記を読んでみてください。感動することがもっとあると思いますよ。

　H児は、人物に対して感動したところを書いた〈読書力⑤〉。この読書日記には、伝記が好きだという思いやいろいろな本を読もうという意欲〈読書力⑧〉が表れていた。
　D児は、I児にも影響を与えた。I児は、D児の読書日記を「読書の広場」7号で読んだ日に「Dさんはすごいと思います。なぜなら私のめざしている伝記の本をたくさん読んでいるからです。今度の図書の時間は伝記を借りたいです。」と書いた。そして、5月19日に以下の文章を書き、次の朝

登校したらすぐに筆者に「伝記が好きになった」と話してくれた。

○Ⅰ児の読書日記『宮沢賢治』

> 　私は、Ｄさんみたいにでんきの本をかりてみました。でんきの本をはじめてかりました。
> 　宮沢さんはとてもえらい人です。さいご、死ぬ時に「「国訳の妙法蓮華経」を一千部つくって……みなさんにわけてあげてください。」という言葉がとてもかっこいいです。
> 　これからもでんきの本をいっぱい読みたいです。

Ｔ：友だちが読んでいたしゅるいの本を読むようになりましたね。

　Ⅰ児は、Ｄ児の読書の様子を知り、読みたいという意欲を高めること〈読書力⑧〉や、好きな言葉を引用して人物に対する感想を書くこと〈読書力③⑤〉ができた。

　Ｊ児は、Ｄ児がＧ児に紹介されて読んだ本を読み、６月25日に初めて人物に関する本について以下のように書いた。

○Ｊ児の読書日記『でん記　藤子・Ｆ・不二雄』

> 　藤子・Ｆ・不二雄先生がまんがをかくゆめをもってすごかったです。ゆめをあきらめなければかなうとわかりました。

Ｔ：これは、前にＤさんが読んだ本でしたね。大事なことを感じることができましたね。

　Ｊ児は、文章を書くことが苦手だったが、ここでは、人物に対する自分の思い〈読書力⑤〉と分かったこと〈読書力④〉を書いた。

（２）同じ本を読んだ友達の読書日記に対して自分の思いや考えを書くことができた児童

　同じ本を読んだ児童はつながっていった。Ｌ児は、「読書の広場」12号（６月13日）でＫ児の読書日記を読み、自分の考えを書いた。

【K児の読書日記と教師のコメント（朱書き）】

ずーっとずっとだいすきだよ
　ぼくは、この本を読んで、犬のエルフィーにいつも男の子（ぼく）が「ずーっとずっとだいすきだよ！」ということを毎日言っていたと書かれていたので、一番のたからものなんだなーと思いました。
　さい後には、エルフィーがしんでしまって、その時、ある男の子が来て、「子犬を３びきあげよう。」と言いました。そうしたら、ぼくは「いらない」とことわりました。それはきっとりゆうがあったんだと思いました。みなさんもなぜかを考えてみてください。きっとりゆうはたくさんあると思いますよ。
〈先生から〉
　みんなにも考えてほしいですね。

【L児の読書日記と教師のコメント（朱書き）】

読書の広場を読んで（Kさんの問い）
　わたしは、読書の広場を読んで、Kさんの問いに答えます。男の子（ぼく）はエルフィーが大大大すきだったし、宝物だったからエルフィーがしんでしまってとてもかなしかったんだと思います。それでもらうのだったらエルフィーににた子犬がほしかったから男の子（ぼく）は、「いらない」と言ったんだと思います。
〈先生から〉
　エルフィーのかわりの犬はいないのですね。

　このように、K児は友達に理由を問いかけ、L児はそれに対して自分の考えを進んで書いた〈読書力④〉。
　N児も、同じ「読書の広場」12号で紹介されたM児の読書日記を読んで、自分の考えを書いた。

【M児の読書日記と教師のコメント（朱書き）】

> 「スーホの白い馬」を読んで
>
> 　私は、「スーホの白い馬」を読んでかんどうした場面が二つあります。
>
> 　一つ目は、白い馬が何本かの矢がささってもひっしにスーホのもとに帰ろうとしていたところです。
>
> 　二つ目は、スーホはとてもうた上手で、白い馬が「私でがっきを作ってください。」と言ったところです。それだけ相手のことをしりつくしていて、とてもなかがふかまっていたので、二人とも相手のことが大切だったと思います。
>
> 〈先生から〉
>
> 　スーホと白い馬の心のむすびつきについて書いていますね。

【N児の読書日記と教師のコメント（朱書き）】

> スーホの白い馬
>
> 　矢が何本もささって走ったら死んでしまうのに走ったのはスーホにどうしても会いたかったんだと思います。
>
> 〈先生から〉
>
> 　さいごに大好きなスーホに会いたかったのでしょうね。

　N児は、毎回短い文章しか書かなかったが、M児が感動したことの一つ目に書いたことの理由を書いた〈読書力④〉。

　I児は、「読書の広場」13号（6月17日）でO児の読書日記を読み、自分の考えを書いた。

【O児の読書日記と教師のコメント（朱書き）】

> 　私はこの「百万回生きたねこ」の話を読んでかんどうをしました。ずっとしあわせではなかったけど、さいごにはとってもしあわせだったからもう生き返りませんでした。
>
> 〈先生から〉
>
> 　このねこにとってしあわせとはどういうことなのでしょう。

【I児の読書日記と教師のコメント（朱書き）】

> 　この本はOさんが読んだ本で、私もOさんと意見が同じです。白いねこからはすかれませんでした。でもずっとそばにいるだけでも二人はふうふになりました。やがて白いねこはしにました。ねこはずっとないていました。ある時ねこもしにました。ねこは二度と生き返りませんでした。私はこんな小さなことでもしあわせになるんだと思いました。
> 〈先生から〉
> 　ねこは白いねこと出会ってよかったですね。

　I児は、O児と同じように、最後にねこが幸せになったことに感動し、幸せについて考えた〈読書力⑤〉。

　このように、「読書の広場」を読んだ学級の児童の中には、友達と同じ本を読み、自分の思いや考えを進んで書くようになった児童もいる。

（3）自分（たち）との関連づけができた児童

　「読書の広場」1号（4月19日）では、自分と関連づける読み方をしているP児の読書日記を紹介した。

○P児『ファーブルこんちゅうき　アリ』

> 　「アリのおかあさんがたまごをうんで生まれてから5時間〜6時間たつと、えさのもぐらのしがいをひとりで食べるようになります。」のところが感動しました。理由は、ひとりでやるってことは、人間はかんたんに思うけど、アリは小さい体でえさをすにはこんでおかあさんやおとうさんのおてつだいをするからです。ぼくは生まれてから5、6時間たってもごはんやミルクを食べたりのんだりすることはひとりでできませんでした。だから、感動しました。

T：自分とくらべているところがいいですね。本を読むと新しいことを知ることができますね。

　P児は、自分の小さい頃と比べ、アリの成長の速さに感動した。
　B児は、5月7日に次のように書いた。筆者は、学級のみんなにこれを

読み聞かせ、展示した。

○B児の読書日記『ファーブルこんちゅう記』

> ありは、道やおにわをちょこちょこ歩いて食べ物をさがします。見つかる
> と、みんなで力を合わせて「よいこらせ」とひっぱっていきます。「みんな
> で力を合わせて」という文章が3年1組もできると思いました。

T：人間もありのようにできますね。

　B児は、ありの行動と自分たちの学級の在り方の共通点について書い
た。その後、「もし……だったら」という読み方もした。筆者は、次の読
書日記を「読書の広場」11号（6月3日）で紹介した。

○B児の読書日記『サーカスのライオン』

> 　私は、さい後のページで感動しました。もしも私がおきゃくさんだったら
> と考えました。「じんざはいないけれど大好きだよ。一生わすれないよ。あ
> りがとう。男の子を助けてくれてかんしゃしています。」と言ってあげたい
> です。星になったのかもしれません。

T：自分がまわりの人たちになったつもりでじんざに対する思いを書くこ
　　とができましたね。

　B児は、作品世界に入り、結末の場面の人物への思いを書いた。
　次のR児は、B児の読書日記を読んだ日に、同じように「もし……だっ
たら」という読み方をした。

○R児の読書日記『すきときどききらい』

> 　ぼくは、この本で二つかなしくなった場面があります。一つ目は、お兄ちゃ
> んがおとうとにいやなことをされると、ぼくもかなしくなります。二つ目が、
> お兄ちゃんにきらわれるおとうとの気持ちです。ぼくがもしおとうとだった
> らちゃんとした気持ちをいいたいです。

T：お兄ちゃんがいるから弟の気持ちがよく分かりますね。

　R児も、人物（弟）と同じ立場に立って気持ちを考えた。

　H児は、これからの自分について書いていた。筆者は、その読書日記を「読書の広場」3号（4月30日）で紹介した。

○H児の読書日記『おとうふ百ちょうあぶらあげ百まい』

> 　このお話は、男の子のふりをしたきつねがおねえちゃんのためにおとうふとあぶらあげを毎日とどけておねえちゃんが食べて、元気になるお話です。
> 　すきな文章は、「ぼく、大きくなったらおとうふやあぶらあげをつくって、みんなによろこんでもらいたいんだ。」です。なぜなら、おじさんのおとうふとあぶらあげの味がずっと守れるからです。
> 　わたしも、人がよろこぶようなことをしたいです。

T：あらすじをわかりやすくまとめて書くことができましたね。自分がこれからしたいことも書くことができましたね。

　H児は、好きな文章とその理由、これから自分もしたいことを書いた。
　次のS児の日記は「読書の広場」4号（5月7日）で紹介した。

○S児の読書日記『おばあさんのねこになったねこ』

> 　おばあさんのねこになったねこは、さいしょはわるいねこでしたが、おばあさんとであって、えさをもらったりやさしくしてもらったりしたので、いいねこになりました。ぼくは、わるいねこよりやさしいねこが大好きです。ほかのねこもおばあさんにひろわれたので、やさしいねこになりました。
> 　人にやさしくするとされた人もやさしくなれることがわかりました。ぼくも人にやさしくなりたいです。

T：さいしょとさいごをくらべていますね。ねこの様子からわかったことと自分のありかたを書いたところがよいですね。

　S児も、H児と同様にこれからなりたい自分について考えた。
　P児は、なりたい自分についてS児と同じ考えをもち、5月7日に以下の文章を書いた。

○P児の読書日記『ファーブルこんちゅうき　ふんをころがす虫』

> 　ぼくは、たまをころがそうとしている時、べつのたまころがしがやってきて「ぼくがてつだってやるよ。」というところが気に入りました。理由は、前「アリ」で書いたように、おかあさんやおとうさんではなくなかまをたすけてあげてやさしいからです。
> 　ぼくも、Sくんが書いたようにやさしい人になってなかまをたすけたいです。（後略）

T：友だちと同じ考えですね。

　以上の児童5人は、登場人物の行動と自分（たち）を比べることや「自分だったら……」と考えること、これからの自分について考えることなどができた。

（4）読書の広がりと読書力の形成
　6月末までに読書は以下の矢印の向きで広がり、児童の読書力が形成されていった。

【伝記や人物に関する本を読み、「解釈」や「熟考・評価」等ができた児童】

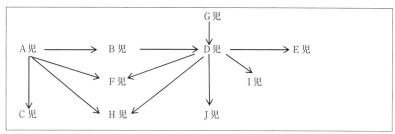

【同じ本を読んだ友達の読書日記に対して自分の思いや考えを書くことができた児童】

【自分（たち）との関連づけができた児童】

〈自分（たち）と比較する読み方〉（第2項（3）においてX児とY児の読書日記の掲載なし）

P児 ────→ B児 ────→ X児 ────→ Y児

〈「もし……だったら」という読み方〉

B児 ────→ R児

〈これからの自分を考える読み方〉

H児 ────→ S児 ────→ P児

　本項では取り上げなかったが、アンデルセン童話を読んだ児童の読書日記を読んで、同じ童話やグリム童話、イソップ童話を読むようになった児童もいた。5月7日には、「アンデルセン童話」を読んで書いたR児の読書日記を「読書の広場」4号で紹介した。それを読んだT児が同じアンデルセン童話を読んだので、その読書日記を「読書の広場」5号で紹介した。U児はR児の読書日記を読み、「グリム童話」を読んで読書日記に書いたので、「読書の広場」5号で紹介した。V児はT児とU児の読書日記を読んだ後、「イソップ童話」を読み、読書日記を書いたので、「読書の広場」8号で紹介した。

〈アンデルセン童話からグリム・イソップ童話へ〉

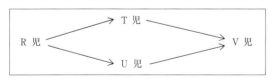

　このように、「読書の広場」や展示された読書日記を読み合うことにより、児童の読書はつながり、学級の中で読書力が形成されていった。

第3項　考察

○これまでの国語科「読むこと」の単元では、教科書教材に関連した本を読ませてきたが、日常的に読書日記を読み合うという交流を行うことにより、児童は、様々な本を知り、友達が読んだ本やそれと同じジャンルの本を進んで読むことができるようになった。小学校学習指導要領では、伝記は高学年で扱うようになっているが、日常生活では３年生においても友達の本の選び方や読書日記の内容から刺激を受け、図書館で進んで伝記を借りて読むようになった児童や初めて読んで好きになった児童が多く見られた。つまり、読書日記の交流は、児童に本との出会いを増やし、読書意欲を高め、読書の幅を広げる役割を果たすと考えられる。

○これまでの個に対する朱書きでは、読むことや書くことが苦手な児童を伸ばしていくことに限界があった。教師が質問を朱書きしても児童はそれに答えられないままで、個の課題を解決することが難しかった。しかし、教師が学級全体の児童を意識して朱書きをし、それを児童が読み合うことにより、人物に対する感想をもつこと〈読書力⑤〉、人物の気持ちや行動の理由などを解釈すること〈読書力④〉、自分と関連づけること〈読書力⑥〉等ができるようになるという成果が見られた。また、友達の読み方から自分の読みを深めたり広げたりする児童も増えていった。授業中は発言することが苦手な児童や集中することができにくい児童も、読書日記には自分の思いを書くことができ、「読書の広場」で友達に認められるようになった。このように、読書日記の交流は、教師対児童の関係で行う指導に比べ、読み方や感想の書き方などを学ぶことを可能にし、多くの児童の読書力を形成する役割を果たすと考えられる。

○友達の影響を受けにくい児童は、長文を読むことに抵抗があったり読み方が分からなかったりすることが多い。読書日記に表れた読書力を教師が肯定評価するだけでなく、児童同士が読書日記の内容や書き方について肯定的に話し合える場を設定することも必要である。

第2節　学級での交流による読書力の形成（第3学年）

　本節では、C小学校での実践を取り上げ、読書日記の交流による児童の読書力の変容を明らかにしていく。実践は2015年度3年1組（23名）に対するものである。B小学校の実践と異なる点は以下の通りである。

（1）児童Aの読書感想文から児童Bの読書日記、新聞記事へ
　　児童Aの読書感想文から児童Bの読書日記へのつながりを契機に、関連した新聞記事を学級の全員に配布し、人物の行動や考え方に興味をもって読むことができるようにする。

（2）読書だよりを読むことから自分の考えを書く読書日記へ
　　複数の児童の読書日記を載せた読書だよりを互いに読み合い、友達の読み方や書き方、考え方についての感想を読書日記に書く活動を取り入れる。

（3）学級に良い影響を与える児童の変容
　　読書日記を書くことにおいて学級によい影響を与えてきた児童の伸びにも注目し、学びの深まりを捉える。

（4）児童が設定する目標と身に付いた読書力
　　年間2回は読書日記に振り返りを書かせ、児童の読書の目標を確認し、読書日記の文章から成果を具体的に捉える。

第1項　児童Aの読書感想文から児童Bの読書日記、新聞記事へ

　9月上旬に、児童Aが夏休みに書いた読書感想文「ファーブルがぼくに教えてくれたこと」を学級の児童に紹介した後、歴史人物に興味をもっていた児童Bが、進んでファーブルに関する本を読み読書日記を書いた。
　以下は、児童Aの読書感想文と児童Bの読書日記である。

○児童Aの読書感想文「ファーブルがぼくに教えてくれたこと」

　ぼくは、ファーブルのように、虫がすきで、小さい時から虫とりをしたり図かんをよく見たりしていました。だから、この「ファーブルこん虫記」の本を読むことにしました。

本の中には、セミ、ヒジリタマコガネ、ジガバチ、サムライアリ、カニグモ、カミキリムシ、ミノムシなどのことがくわしく書かれています。そして、ぼくは、ファーブルは小さいころは、虫があまり好きではなく、大人になってきょう味を持ったというところにおどろきました。

　ぼくが、虫の中ですごくかしこいなと思ったところは、ミノムシのメスがたまごを守る手だんです。メスは、自分がさなぎのころ入っていたみのにたまごをうむと、そのポーズで力つき、ひからびてしんでしまいます。でも、そのうんだあなからてきが入りません。だから、たまごはあんぜんなのです。

　ほかにも虫の生まれつきの知えってすごいなと思った虫がいます。それは、カミキリムシです。カミキリムシのよう虫は、木の中に空どうを作ります。よう虫の時は、方向をかえることができますが、せい虫になると方向をかえられなくなります。大あごもよう虫より小さくなるので木にあなが空くすれすれのところでさなぎになる部屋を作っているとせい虫の時はとても楽なのです。

　ぼくにはおどろいたこともあります。サムライアリは、クロアリのすから、さなぎを持って帰って、それをはたらきありにします。それはひきょうだなと思いました。でも、これも生きる知恵だと思いました。

　ぼくは、あんなに小さな虫たちにこんなのう力があるなんて知りませんでした。これからもっと生き物を大切にして、かんさつもしたいです。

　そして、この本を読んでぼくが思ったことはファーブルは何ごともあきらめない人だということです。ファーブルは子どものころ、かわった石（化石）にきょうみをもちました。それがお父さんにばれて、「もっとはたらけ。」と言われましたが、ファーブルは、大人になって石を調べようとしたのです。ファーブルは、学校の先生になり、今までまずしくて買えなかった図かんを買いました。こん虫のことについて「どうして」と考えながら実けんをして、本を完成させたのです。

　ぼくも、これからファーブルみたいに本で調べて、いつか科学者になりたいです。

○児童Bの読書日記（9月17日「世かい一のこん虫学者」）（下線、上付き数字
　は筆者による。以下同じ。）

> 　世かい一のこん虫学者とは、ファーブルです。ぼくは、<u>A君が読書感想文
> に書いてたファーブルを自分でも調べたいと思いました</u>①。
> 　ファーブルは、フランス生まれです。ファーブルは、小さいころから、虫を
> 見るのが大好きでした。一日じゅう草むらにすわって虫を見ていればごきげん
> です。
> 　<u>ぼくも、ゆうめいな人になりたいです</u>②。

　下線部①のように児童Bは、児童Aの読書感想文を読んだことにより自
分でも調べたいという意欲が湧き、進んで読書日記を書いた。走力に秀で
た児童Bはおとなしい児童であったが、下線部②のように、自分の力を発
揮したいという思いを読書日記の中で表現した。
　このように友達の読書感想文が契機となり、児童Bの読書や気持ちの表
現に変容が見られたため、児童Bの読書日記を学級に紹介した。その後、
朝日小学生新聞に掲載されていた「ファーブル先生の昆虫教室　昆虫研究
に明け暮れた人生　アンリ・ファーブル」（2015.10.11）を学級の児童に読
ませ、読書日記を書かせた。

第2項　読書だよりを読むことから自分の考えを書く読書日記へ
（1）読書だよりを読んで行う交流
　上記の新聞記事を読んで書いた読書日記の中から10人のものを読書だよ
りに載せ、それを家で読んで読書日記に自分の考えを書かせた。教室には
すべての児童の読書日記を展示し、自由に読み合えるようにした。
　本項では、読書だよりに載せた10人の読書日記とそれらを読んで書いた
児童の中の9人の読書日記を紹介する。9人は、特に以下の下線部（筆者
による）に注目して感想を書いていた。

【新聞記事（ファーブル先生の昆虫教室　昆虫研究に明け暮れた人生　アンリ・ファーブル）を読んで】

○読書だより①　児童C

> 　ぼくは、どうやってこん虫はかせになれたのか読んで分かりました。自ぜんにめぐまれていたからだと思います。自ぜんにめぐまれているところは、しずかだからいっぱいあつまると思います。だから虫がいっぱいいたから、虫がすきになり、虫を研究したからこん虫のはかせだと思います。
> 　ぼくは、虫がきらいだったけど、虫を好きになりました。たとえ、気持ちがわるくても、その虫にかならずとくちょうがあるというのも分かりました。

→児童Dの読書日記

> 　みんなのは、とてもいいと思うけど、わたしが気に入っている文は、Cくんの文です。なぜかというと、ファーブルは、どうやってこん虫はかせになれたかわからなくて読んでみたら、自分の気持ちがかわったところです。このように、読書日記に書きたいです。

※児童Dは、児童Cが本を読んで自分の気持ちが変わったことの良さに気付いた。

○読書だより②　児童E

> 　わたしは、ファーブルから学んだことが大きく二つあります。一つ目は、ねばり強くやることです。それはどこから思ったかというと、ファーブルが小中学校の先生になっても、時間があればこん虫や植物のことを研究したというところからです。わたしは、ファーブルはそんなに自ぜんを大切に思っているんだと思いました。二つ目が、ファーブルが一番つたえたいことだとわたしは思います。それは、人にまずたよらず自分で始めにやることです。わたしは、まず人にたよってしまうことが少しあるので、そこは見習いたいです。

→児童Fの読書日記

> 　わたしは、Eさんの感想が、すごいと思いました。なぜかと言うと、みんなは自分のわるい所は、かくしていい所を言うけど、Eさんは、ファーブルの本を読んで学んだことを書いている所がいいと思いました。わたしもEさんみたいに感想を書けるようになりたいと思いました。

※児童Fは、読書日記に自分の素直な気持ちを書くことの良さに気付いた。

→児童Gの読書日記

> 　わたしは、みんなの感想を読んで、自分には入っていないことを書いている人がいたのでいいなと思いました。たとえばEさんだとねばり強くやるというところとファーブルが一番つたえたいことという言葉がわたしは、いいなと思っています。あと、C君が書いていた中で自ぜんにめぐまれていたというところとその虫にかならずとくちょうがあるというところです。その文は、こん虫のことをくわしくしています。そのところがわたしは、いいと思いました。
>
> 　わたしも、いい人のを見ならって書いていきたいです。

※児童Gは、二人の言葉の使い方の良さに気付いた。

○読書だより③　　児童H

> 　ファーブルは、何でもきょうみがある人だなと感心しました。
>
> 　自分だったら本をよんでいてつかれていたらあそんでしまうから、ファーブルは、さいしょからさい後までやりきるのでわたしもみならいたいと思いました。
>
> 　ファーブルはじっけんをしたくていますぐよういをしてやるからわたしもファーブルみたいになりたいです。
>
> 　わたしが一番すごいなと思ったところは、ファーブルが鳥のなきごえをすぐこたえれるところです。それだけしらべているんだなと思いました。
>
> 　<u>わたしは、にがてなことからにげないでがんばりたいと思いました。</u>

→児童Iの読書日記

> わたしがいいなあと思った人は、Hさんです。とくに文章の中のさいごの
> にがてなことからにげないでがんばろうと思いますとかいてあるところで
> す。わたしは、しゅうじをならっていて、そのときには、うまくかけないの
> であきらめようと思っていました。でも、Hさんの文章をよんでわたしも、
> にがてなことからにげないでがんばりたいと思いました。

※児童Iは、友達の思いに共感し、自分も前向きになろうとしていた。

○読書だより④　児童J

> わたしは、ファーブルから学んだことを考えました。わたしは、ファーブ
> ルがこん虫の本のうやしゅうせいのことをしらべて、55さいから83さい、や
> く30年かけて<u>ライフワーク</u>だったのがすごいと思いました。
> 　わたしより、こんなにじっけんやいろいろできるし、自ぜんの中でたくさ
> ん発見をしたし、大切なことをよくしっているからいいなと思いました。

○読書だより⑤　児童I

> わたしがファーブルから学んだことは、みんなに話したら「あたりまえじゃ
> ないか。」といってわらわれても、あきらめないことです。あと、わたしが
> いいなと思った言葉は、<u>「私は、自分の目でたしかめるということを何より
> もたいせつにしていた。人に聞いたことをうのみにするんじゃなく、自分で
> よく考えるんだ。それがとても大切なんだよ。」</u>という言葉です。わたしは、
> ファーブルがいったように自分の考えをもちたいです。

○読書だより⑥　児童K

> わたしが読んで学んだことは、色いろなものにきょうみをもつということ
> です。たとえ、小さなことでもファーブルは<u>たんきゅうしん</u>をもち、調べま
> した。
> 　大人になっても、こん虫や植物の研究をしていました。当時、虫を調べる
> といえばしんだ虫の研究だったそうです。でもファーブルは生きた虫の本の

うや習せいについて研究したそうです。

　人から聞いたことをうのみにするのではなく、<u>自分でよく考え、自分の目でたしかめる</u>ということが大切だとわたしは思いました。

○読書だより⑦　児童L

　わたしがファーブルを読んで学んだことは、なにかひとつ研究したらそのことがよく分かって、ほかのこともいっぱい知りたくなるということです。

　わたしもファーブルみたいになにか一つのことを調べてそのことをくわしく知りたいです。そして、<u>自分でよく考えて自分の目でたしかめながらいろんなことをべん強していきたいです</u>。

→児童Mの読書日記

　友だちの感想を読んで思った事は、みんながとてもすばらしい言葉を使っていると思いました。たとえば、「自ぜんにめぐまれている」や「たん究心を持っている」や「うのみにする」や「ライフワーク」や「めいげん」などです。わたしは、これらの言葉の意味が分からなかったので、調べて知ることが出来ました。べん強がつながっているような気がしました。とくに「自分でよく考えて自分の目でたしかめながらいろんなことをべん強していきたい。」と書いたLさんの意見と同じように思いました。

※児童Mは、様々な言葉に注目し、それらの意味を進んで調べ理解することができた。

○読書だより⑧　児童N

　一度見たら、調べたくなり、どんなにあたりまえなことでも、じっけんしたから、色んなことがさらにくわしく分かることがある。

　ファーブル先生は、ひょう本ではなく、生きている虫をてっていてきに調べようとやる気になってやりとげた。ひょう本の虫は、動かないので、かんさつしやすいけど、ファーブル先生は、動く生きた昆虫を調べるので「レベル」が高いことをやろうと決心したので、すごいなあと感心しました。

→児童Eの読書日記

> わたしは、Nさんの感想を読んで「レベル」という、ファーブル先生の新聞にのっていない言葉を使っているのでいいと思います。

※児童Eは、生きた虫を研究するという研究の質の高さを感じることができた。

○読書だより⑨　児童O

> ファーブルからまなんだことは、生きたこん虫についてしらべることをけっ心したところです。あたりまえかもしれないけどもしもハチにさされたらあぶないからです。そのことをしょうちしてやっていたなんてすごいと思います。
>
> 30年もしらべつづけているなんてどれだけ虫がすきでどれだけいっしょうけんめいけんきゅうしているかのどりょくを感じました。
>
> 目でたしかめるってすごいと思いました。
>
> だれのめいげんかわすれたけど、天さいは99％のどりょくと１％のさいのうであるというめいげんの99％のどりょくをとても感じました。

→児童Kの読書日記

> わたしは、O君のさい後の一文の、「天さいは99％のどりょくと１％のさいのうであるというめいげんの99％のどりょくをとても感じました」というところがほかの人とはちがう表げんの仕方でとてもいいなあと思いました。O君は、ただ、ど力しているだけではなく、ちがう人のめいげんを使っているのがほかの人とちがっていいところだと思いました。わたしも、O君のようにまねしてみたいです。

※児童Kは、名言を引用することの良さに気付いた。

→児童Aの読書日記

> ぼくは、三つの感想があると思いました。一つ目は、ファーブルと自分をくらべるという方ほう、二つ目は、文からぬき出す方ほうです。三つ目は、

ファーブルのことだけを書く方ほうです。

　ぼくがいいなと思ったのは、O君の感想です。「天才とは1％の才のうと99％のど力からなる」というエジソンの言葉を使っているところがいいと思いました。

※児童Aは、児童Oが読書日記に書いた名言をエジソンのものだと書き、それを使うことの良さを感じた。

○読書だより⑩　児童A

　ファーブルは目ひょうがあり、こん気強い子どもだったことがぼくはすごいと思いました。

　ぼくもこん虫がすきで、ファーブルのようにれきしにのこることをして、世界をおどろかせたいです。

　ぼくは、ファーブルのすなおさがいいなと思いました。理由は、レオン・デュフールがかいたろん文に生きたこん虫が書かれていて、ファーブルもすぐにやっていたからです。

　ぼくも、こん虫の事についてファーブルのようにけんきゅうしたいです。

→児童Pの読書日記

　ぼくは、A君のすなおさという言葉がいいなと思いました。理由は、すなおだから研究をつづけられたしぼくもすなおにしたいからです。あと、Iさんの自分の目でたしかめることが大切、人に聞いたことをうのみにするんじゃなく自分で考えることが大切。自分で考えることが大切という言葉がよかったです。

※児童Pは、自分の友達関係や日常生活を振り返り、「すなお」や「自分で考える」という言葉が自分に響いた。

（2）その後の児童の読書日記

○児童Iの読書日記『わたしたちの道徳』「虫が大すき―アンリ・ファーブル―」

　児童Iは、友達の読書日記を読み、自分の考えを書いた後も、児童A・

Bのようにファーブルに興味をもち、次の文章を書いたが、児童A・Bとは異なり、ファーブルの言葉を引用した。

> わたしはファーブルの話をよみました。わけは、A君がファーブルのことを読書感想文にかいていて、わたしは、（ファーブルのこともっとしりたいなあ。）と思ったからです。そして、家にある本を全ぶさがして、一、二年生の時につかった「わたしたちの道とく」に、ファーブルのことが、かいた話がありました。
>
> ファーブルは、小さいころから、虫や自ぜんが大すきでした。草むらで何かが鳴いているような声を聞くと、「いったい何が鳴いているのだろう。」といつまでもさがしていたそうです。そして、見つけたものが虫だと分かると頭を上げてよろこんだそうです。ファーブルは、ありなどにたいして、ふしぎなこともありました。ファーブルは大人になっても、たくさん虫のことを調べたそうです。かんさつがおわると、「さようなら。よくわたしに、いろいろなことを教えてくれたね。さあ、どこでもすきなところへお帰り。」とやさしい言葉を虫にいうそうです。
>
> わたしは、ファーブルは本当に虫がすきなんだなあと思いました。

○児童Fの読書日記『ベートーベン』
　児童Fは、児童Eの書き方を見習い、素直な気持ちを表現するようになった。

> わたしは、ベートーベンを読んで分かったことがあります。わたしは、もんくなどを家ぞくに言ったりするけど、かぞくがびょう気なくたのしくくらせるのは、幸せなんだなあと思いました。みんながみんな幸せじゃないんだなということが分かりました。
>
> わたしは、この本を読んでまなんだことをこれからの生活にいかしたいなと思いました。

○児童Bの読書日記
　その後も児童Bは、物語とともに歴史上の人物の本も図書館で借りて読んだ。

①11月13日『とくがわいえやす』

> 　ぼくは、とくがわいえやすのことをしらべてみました。いえやすはむかし、竹千代という名前でした。竹千代が8さいの時お父さんがなくなりました。竹千代ががっかりしていると、よくくる人が鳥を持ってきて、「竹千代さま。これは、とてもおもしろい小鳥ですよ。ほかの小鳥の鳴きまねがとても上手です。」と、言いました。
> 　竹千代は、「小鳥は好きでもこの小鳥はきらいだ。もってかえれ。」と言いました。竹千代は、「わざわざもってきてくれたのはうれしいけど、ほかの小鳥の鳴きまねをするような小鳥はきらいだ。下手でもいいから、いっしょうけんめい自分の声で鳴く小鳥がすきだ。」と言い、ぼくはすごいと思いました。竹千代は小鳥をそっとつかみ、思いきり空へなげてやりました。
> 　小鳥を持ってきた人は、あきらめて、竹千代の言葉に感心しました。
> 　竹千代はやがて大きくなって家やすと名前をかえました。ぼくは、せいかくがいい人だと思って、たくましい人だと思いました。

②3月13日『ゴッホ（すばらしい太陽）』

> 　ゴッホのマイナスのところは、わがままでよくけんかをするところだと思います。ゴッホは、絵の学校へ行きました。ゴッホは先生から絵のりんかくがざつといわれてけんかになって学校をやめてしまいました。
> 　プラスのところは、のびのびと絵をかくところです。人とはまったくちがう絵をかきます。力強い太陽の絵をかきました。ゴッホははげしい絵をかきました。

○児童Qの読書日記（2月1日『こども座右の銘』）

　児童Oは一つの名言を読書日記に書いていたが、児童Qは、複数の人物の名言を引用した。

> 　この本は、ゆう名な人のことが、くわしくまとめています。たとえば、エジソンと、野口英世や、ヘレン・ケラーです。
> 　エジソンは、生がいにおよそ千三百点もの発明品を残した人類史に残るアメリカ発明家。野口英世は、福島県出身のおうねつ病やばいどくなどの研究で知られるさいきん学者。アフリカでおうねつ病の研究中に自身もおうねつ

病に感せんして他界する。ヘレン・ケラーは、アメリカの教育家。自分自身も、重いしょうがいをせおいながら、世界各地にいる身体にしょうがいをもった人の教育やふくしにつくした。

　この三人は、すばらしいことを言った。

　エジソン

　天才は、１％のひらめきと99％の努力でつくられる。

　野口英世

　努力だ。それが天才だ。だれよりも三倍、四倍勉強する者。努力してこそ天才なのだ。

　ヘレン・ケラー

　くよくよしない心は、人を成功にみちびきます。どんなときでも、そこに明るい気持ちと希望がなくては成功はありません。

　ど力をしているんだと思った。

〇児童Rの読書日記『はなちゃんのみそしる』

　児童Rは、友達を意識して読書日記を書くようになり、友達に本を推薦するようになった。

　この本は、二〇一五年十二月に、えい画かされました。

　「生きる」を教わる絵本です。じょゆう、広末涼子さんも、感動しました。

　心がすーっとおちついて、大切なものを教えてくれるそんな本です。

　本当のお話だからこそそのいたみとやさしさがつたわるそんな、本当にかんどうの一さつです。

　ぜひ、本屋でこの本をみたら手に、とってみてください。

第３項　学級に良い影響を与える児童の変容

　学級の児童の多くは、児童AとMから読み方・書き方の良いところを学んできたが、両者も同時に友達の読書日記により読書力を高めていくことができた。

　次に児童AとMの読書日記とそれらに筆者が引いた波線、記したコメントを示す。

（1）児童Aの読書日記

　その後、児童Aは、さらに生き物について興味をもち、本を読み広げていった。

①11月14日『まちぼうけの生たいがく』

> 　この本は、生たい学という、生物どうしのかんけいについてかかれています。
> 　ぼくは、赤おにぐものかりにびっくりしました。小さい天才といえるほど[1]頭をつかっているからです。ふつうのクモとはちがって[2]、葉っぱのうらなどにかくれて、あみに虫が、かかったか、かかってないかは、シグナル糸でしんどうがつたわったしゅんかんえものに、とびかかります。ですがなかなか大物はとれません。ぼくは、がししないか心ぱいでした[3]。でも、クモは、水さえあれば、うえないで数十日も生きていることができるそうです。とても、おどろきました。
> 　クモの天てきベッコウバチが来ました。でもこうげきから、なんとかのがれました。ベッコウバチにつかまるのは、20回に1回[4]のわりあいです。めったにないけど、あかおにグモにベッコウバチがつかまることもあるそうです。
> 　ぼくはしょくもつれんさについてもっとしりたいです[5]。

※筆者はよいところに波線を引き、花丸を付けその横に次のコメントを書いた。（以下同じ。）

　波線1と2……くわしい！

　波線3…………生き物によりそっているのがすごい！

　波線4…………数字があるとよく分かるね。

　波線5…………次のかだいが見つかったね。

　図4-2は実際の読書日記である。

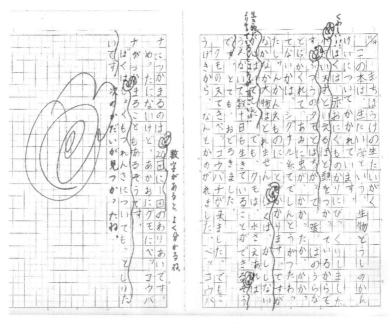

図4−2　児童Aの読書日記

②11月26日「ぼくの読書」

　ぼくが三年生になり読書でできるようになったことは、クライマックスを見つけられるようになったり、本の人物を他の本の人物とくらべて読んだりすることです。あと、人物になりきり、その場面に合わせて読む事と、ふかく考えることです。理由は、「つりばしわたれ」の時、先生の赤ペンの「みんなの勉強になりました」という文から、これからも、がんばろうとやるきにしてくれました。あと、Mさんの読書日記をよんで、すごいなと思いました。

　ぼくは、まだ、本の内ようを短くまとめられないので、これから、それをがんばりたいです[1]。

　波線1……大じな言葉をえらんでつなげていくといいよ。

※児童Aも、児童Mの読書日記から学んでいた。

③12月3日『ちびドラゴンのおくりもの』

> 　中心人物のハンノーは、はじめは、自信がなく、学校にも行きたくないと
> 思っていました。でも、公園に行って、ドラゴンの絵をかくと、ドラゴンの
> 国で、からかわれていた、ちびドラゴンがうきあがり、ハンノーと出会い知
> えを出し合って、歌などを練習します。そして、おたがいの学校を楽しくし
> ようとしていると、知らぬ間に、しんらいし合い、たすけあっているところ
> から友じょうがふかまっていくお話です[1]。
> 　そして、強くなったハンノーは自分をいじめていたルートビヒに、ゆう気
> を出して、たちむかったところがかっこいいと思いました。
> 　ぼくは、サーカスのライオンやないた赤おにのさい後に、じんざと男の子、
> 赤おにと青おにが、はなればなれになるところが同じで[2]、少しかわいそう
> だと思いました。

　波線1……うまくまとめたね。

　波線2……他の本と比べたところもいいよ。

④12月17日『めざせ動物のお医者さん』

> 　この本の主人公、しょう太は、ある日、かいネコのノンピがびょう気になり、
> そして、お母さんも、仕事だったので、一人でライト動物びょう院に行きま
> した。
> 　そして、しんさつをしてくれたのは、若宮先生と言って、すべて、てきぱ
> きしてすばやく、ネコによけいな不安をあたえる前に、しんさつを進めてい
> たので、しょう太は、若宮先生にあこがれました。そして、ぶじしんさつが
> おわり、薬などをもらうと、しょう太は、家に帰りました。すると、すぐに、
> ノンピは元気になりました。その時から、しょう太は、じゅう医になる事を
> 決だんしました。
> 　ぼくが、心にのこったところは、若宮先生の、「どれだけ長く生きたかより、
> どれだけ人に愛されたかの方が大事なんだ[1]。」と言った言葉です。ぼくも、
> そうだと思いました。

　波線1……すてきな言葉だね。

※その後、児童Aは、生き物に関する本や物語だけでなく、伝記や絵本、
　百科事典にも興味をもって読んだ。

⑤２月16日『子ども大百科』

　　この本は、たくさんの事がのっています。ぼくは、ロボットの事がおもし
　ろいと思いました。ロボットには、色いろなしゅるいがあります。たとえば、
　さいがいなどが起こった時に、人の代わりに作業をしたり、カメラやセンサー
　を使い、たて物の中を見回ったりします[1]。
　　ロボットは、ぼくたちの生活をべんりにそして、楽しませてくれると書い
　てありました。ぼくもその通りだと思いました。

　波線１……ぐ体的でよく分かるよ。
※その後、魚に関する知識を得られる『おしえて！さかなクン』やノンフィ
　クション『スズメの大研究』も読んだ。
　　１年の最後に書いた読書日記は、次の通りである。

⑥３月23日「読書日記で出来るようになった事」

　　ぼくが、読書日記を書いてよかったと思う事は、感想の言葉をふやせた事
　です。感想の言葉をたくさん使うと、表げんがゆたかになります。そのうえ、
　感想でつたえたい事が分かりやすい文章になります。
　　そして、二年生まで、苦手意しきがあり、自信がなかったけれど、友だち
　が読書日記に書いてくれたふせんでゆう気づけられました。友だちもがん
　ばっているのだから自分もがんばろうという気持ちになりました[1]。
　　二年生の時にくらべて文を書くしゅうかんがつきました。四年生になって
　も、読書をたくさんして読書日記を書きたいです。

（波線部１の「ふせん」について……互いに読書日記を読み合う時間を作り、付
　箋紙を使って友達の読書日記の良いところを記入して貼るようにしていた。）
※波線部１のように、児童Ａは、友達の肯定的な評価の言葉により意欲を
　　高めることができた。そして、書くことに対する自信をもつようになった。

（２）児童Ｍの読書日記
①11月26日「読書について」

　　読書日記を書くようになってから、読み方がかわりました。それまでは、
　物語を読んで内ようだけしか考えていませんでした。でも今は、[どうして

そんな事をしたんだろう。」とか、「わたしだったらこうするな。」とか思うようになりました。その事を書くと、先生から花丸をつけていただいたり、「先生もそう思うよ。」と書いていただくと、自信が持てるようになりました。

　友だちの読書日記を読むと、わたしの知らない言葉を使っているので、たくさん本を読んでいるのだと思いました。これからは、むずかしい本にちょうせんしていきたいと思います。

〈筆者が書いたコメント〉

　Mさんの読書日記はみんなをかえてくれました。Mさんの読書日記を読むことにより、友だちもいろいろな読み方ができるようになったよ。

②12月1日『ちびドラゴンのおくりもの』

　この物語の中心人物は、ハンノーという男の子と、ちびドラゴンです。

　ハンノーは、ゆう気も自しんもない何もできない子でした。なので、学校でいじめられ、「デブソーセージ」と言われつづけていました。ハンノーにとって学校は大きらいな所で、家にずっといたいと思っていました。そんなハンノーが、学校の帰りに公園でちびドラゴンに出会いました。ちびドラゴンも、ドラゴンの学校で、「頭が一つしかなくて、空をとべなくてぶさいく。」とばかにされていました。わたしはこの時の二人はよくにていると思いました。でもちびドラゴンは、見た事にきょう味を持つ子だったので、いろんな事をハンノーに教えてくれるようにおねがいしました。ちびドラゴンにおねがいされた事は、全ぶにが手な事でしたが、いっしょにする事で、どんどん楽しくなり、いろいろな事が上手になっていきました。そのおかげでハンノーは強くなりいじめられなくなりました[1]。そのハンノーのすがたを見て、ちびドラゴンも自分も何でもできると思いドラゴンの国に帰って行きました。わたしは、「ちびドラゴンのおくりもの」は、やれば何でもできるという気もちだと思います。そして、このおくりものは、ハンノーだけがもらった物ではなくて、ちびドラゴンも同じ物をもらったのだと思います[2]。

　波線1……「いっしょに」というところがだいじだったんだね。

　波線2……ふかく考えたね。すばらしい！

※児童Mは、この本について筆者に詳しく話してくれた。そして、次の読書日記にも同じ本のことを書いた。

③12月3日『ちびドラゴンのおくりもの』

この話の中心人物は、ハンノーという男の子とちびドラゴンです。
はじめのハンノーは、ルートビヒにどんとおされて、つくえにぶつかってし
まっても、おしかえすか、けとばすかしたくても、とてもそのゆうきがありま
せんでした。それで、学校は大きらいでした。そして、ハンノーは、学校はな
るべく行きたくないと思っていました。けれども、ちびドラゴンと公園で出会
い、いっしょに歌を歌ったり、字を書いたり、でんぐりがえしをしたり、絵
をかいたり、木のぼりをしたり、本を読んだりしました。さいしょは、きら
いだった事がちびドラゴンが「教えて」と言ってくれたおかげで、できるよ
うになりました。そして、ハンノーは、ルートビヒに言いかえす事ができたり、
「よくできました、ハンノー！」と先生にほめてもらえるようにもなりまし
た。なので、学校がいままでよりずっと楽しくなりました。今まで一人ぼっ
ちだったけれど、友だちのたん生日会にもよばれるようになりました。
ハンノーは、ちびドラゴンに、ゆう気、自しんをもらい、これからも、幸
せに学校に行けれると思います。

〈筆者が書いたコメント〉

ちびドラゴンといっしょにがんばったから、しぜんにやる気も出たんで
しょうね。

④12月18日『マリー・キュリー』

マリー・キュリーは、女の人としては、はじめてノーベル賞をもらった科
学者です。しかも、二回もノーベル賞を受賞しています。マリー先生は、お
父さんが中学の理科の先生だったので、小さいころからふしぎな実けん器具
にきょう味を持っていました。そして、何年も何年もくり返し実けんをつづ
けやっと、「放しゃ線」を発見しました。今、わたしたちがびょう院で受ける
レントゲンが、この「放しゃ線」を使った物です。マリー先生は、「科学者は、
おとぎ話に目をかがやかせる子ども。こうき心とぼうけん心にあふれていま
す。」と言われたそうです。けっ局、「放しゃ線」のあびすぎで六十六さいで
亡くなられましたが、この発見は、たくさんの人々の役に立っています。
今の科学は、マリー先生のような人々のど力にあふれているのだなと思い
ました。本を読む事によって、たくさんの人のど力と、活やくしているすが
たをどんどん知っていきたいと思います。

〈筆者が書いたコメント〉

　科学は、人々のど力によって進歩したんだね。

※児童Mは、これまでの人物の絶え間ない努力による業績が現在の自分たちの生活に役立っていることを感じ取った。1月18日には、普通の子どもにできることについて書かれた本を自分で選び、下線部のように思いを書いた。

⑤1月18日『ふつうの子にできるすごいこと』

> 　この本を読んだきっかけは、本の題名です。ふつうの子なら、わたしたちにも何か役に立つ事ができるのかな、できたらうれしいなと思ったからです。
>
> 　この本には、カメのすみかを守ろうとする男の子や、ぜったい登れないと言われた山に登った女の子や、自分もガンになりながらきけんのう薬を使わないように運動した男の子の話が書かれてあります。その中でもわたしが特に心にのこったのは、「ライアンの井戸」です。
>
> 　ライアンという六さいのカナダに住む男の子です。この子は、水道が出ない多くの国のためにたくさんのお金を集めました。そのため、おてつだいをたくさんし、どれほど多くの金がくを言われてもあきらめずに自分の力でさい後までやり切りました。そして、一度だけではなくちょうせんはどこまでもつづくと思いながらがんばりました。
>
> <u>　わたしもふつうの子どもだけれど少しでも多くの人が幸せに元気にすごせるよう、一人一人の命を大切にしたいです。そのためには、まずはこまった人を見たら自分の事としてうけとめ、活動したいです。</u>

〈筆者が書いたコメント〉

　自分にもできることを考えたかったんだね。

⑥2月29日『マザー・テレサ』

> 　マザー・テレサは、まずしい人に手をさしのべたしゅう道女です。十五さいの時にインドにはたくさんのまずしい人がいる事を知り、十七さいでインドに行きました。テレサは、「まず、自分にできることから始めましょう。」と思い、苦しんでいる人に声をかけたり、きず口をあらったりしました。小さな事から始め、その行動は少しずつ広がっていきました。六十九さいの時

に、「ノーベル平和しょう」を受しょうしました。わたしが前に読んだ「ふつうの子にできるすごいこと」ともにてると思いましたが、だれかのために一生けん命何かをするとみんなに広まり、大きな力になると思いました。

〈筆者が書いたコメント〉

　前に読んだ本とくらべたところがすごい！

※児童Mは、小さな事の積み重ねが大きな力になることを感じることができた。

　この児童は、本の内容に関する記述や感想だけでなく、生き方についても深く考えて書くことができるようになった。

第４項　児童が設定する目標と身に付いた読書力
（１）読書日記から

　児童は11月と３月に図４－３を参考にして自分の読書について振り返り、良い点や課題、目標等を読書日記に書いた。

　以下に、自分の目標をもって読書をし、読書力を身に付けていった児童の中から４名の読書日記を紹介する。（下線、上付き数字は筆者による。）

```
読書について
（１）自分ができるようになったこととその理由
　①読む本の数
　②読む本のしゅるい
　③読書の時間
　④文章の読み方
　　・人物になったつもりで気持ちを考える。
　　・自分と人物をくらべる。
　　・ほかの本とくらべる。
　　・人物のせいかくを考える。
　　・人物の気持ちの変化を考える。　など
（２）自分がまだできていないこと
（３）これからの自分のもくひょう
```

図４－３　読書について

○児童Oの読書日記

　児童Oは11月に、読書日記でできるようになったこととこれからの目標（比べながら読むこと）を書いた。

　12月1日には『にじいろのさかな』を読み、下線部のように、主人公と自分を比較した。

　この本を読んで主人こうと自分をくらべてみるとにているところもあればちがうところもありました。

　にているところは、さいしょのころは、ぎんのうろこを一人じめしてるところだなと思いました。

　ちがうところは、さいごのぎんのうろこをあげたところです。ぼくなら一生一人じめします。だからぼくは、このにじいろのさかなまたはにじ王をさかなの中でさいこうにりっぱなさかなだと思いました。

　その後、『にじいろのさかな』について以下のように書いた。

・はじめのにじうおは、自分はせかいで一番きれい、自分よりきれいなさかなはいないと思っていた。さびしい気持ち。

・かわったりゆう

　きらきらうろこをほめてもらえなくてしょげていたにじうおがたこになぜだめかをそうだんしたから。

・へんかしたにじうお

　大切なうろこもゆうきを出してやろうと思うようになった。楽しい気もち。幸せな気もち。

・かんそう

　自分もふこうの時、ゆうきをだして大切なものをあげてみたい。

　ブルブルとくらべてにじうおはラストはしあわせになるところがちがうと思った。

　児童Oは、人物の気持ちの変化とその理由、自分の思いを書いた後、にじうおの様子を国語科「サーカスのライオン」の学習で取り上げた『やさしいライオン』の登場人物であるブルブルと比べることができた。

　3月の読書日記には、できるようになったことの一つには、「自分とくらべたりしたらいいということをまなびました」と書いた。

〇児童Sの読書日記

この児童は11月に、これからの目標を「れきしの本を読んでみたい」と書いた。そして、12月17日に次のように書いた。

① 『織田信長』

> ふしぎに思ったことや心にのこったこと
> いちばん下が石倉で、その上に六階だての建物をつくるというので、何万人もの石ひき人夫や大工の人たちが集められ、わずか四年で完成させました、のところで、四年は、早いからふしぎに思った。
> ぼくだったら、十年は、かかると思う。人の力でたてるのがすごいと思った。

次は、12月23日の読書日記である。

② 『豊臣秀吉』

> ふしぎに思ったことや心にのこったこと
> 「わしは一国一城の主になるのが夢だったけれど、なんと日本の国の王になってしまった。」
> ぼくも、本当に、日本の国の主になったのが、ふしぎに思った。
> 七さいでお寺へあずけられ、十五さいで家出をし、十八さいで信長につかえるまで、どれほど多くの仕事についたことか。商店の小僧、かじ屋、おけ屋、油売りなど、かぞえきれないほどだ。
> かずかずの仕事をやってきたのが心にのこった。

12月29日には『福沢諭吉』、1月には『聖徳太子』『縄文のムラ』、2月には『ムラからクニへ』『歴史が変わったあの一瞬』のシリーズ（古代編・源平編）を読んでいった。その後、『豊臣秀吉　天下の夢』、3月には『雪舟』を読んだ。このように、この児童は、次々と歴史に関する本を読み、最後の読書日記に「歴史についても本を見たらすぐに分かりました」と書いた。

〇児童Eの読書日記

11月26日の読書日記には、自分のがんばりたいことを「べん強でやったことを生かすこと」と書いた。

児童Eは、国語科「サーカスのライオン」の単元の終わりに、『ちびドラゴンのおくりもの』を読み、同学年他学級の児童に中心人物の変化につ

いての説明と感想を発表した後、次の読書日記を書いた。

①12月17日 『ちびドラゴンのおくりもの』

> 　わたしは、ちびドラゴンのおくりものを読んで、ブース発表会をして、読書は本当に楽しいと思います。
>
> 　なぜ、楽しいというかは二つあります。
>
> 　一つ目は、人物のへんかを見つけられたらのことです。人物のへんかが分かったらわたしは、べん強でやったことを生かせた、べん強でやったことが生きてるんだと、とてもうれしい気持ちになるからです。（後略）

　12月25日の読書日記からは、日常の読書においても下線部のように、人物の気持ちの変化とその理由を読み取ることを活かしていることが分かる。

②12月25日 『きょうからとべるよ』

> 　このお話のさくらは、ねつがなかなかさがらなくて入院してしまいました。さくらがお昼ごはんのとき、トレーといっしょに一まいの紙きれがとどきました。（中略）花さかじいさんの手紙には、ベランダを出て、右から三番目の木に行ってみろと書いてありました。さくらは、立つのもやっとのことだったので、とてもいくきになれませんでした。けれどゆう気をふりしぼって、行っていました。なぜなら手紙には、「さあ行動せよ。じっこうあるのみだ。」と書かれていたからです。その言葉がさくらの心にひびきました。三番目の木には、小さな小鳥たちがごはんをまっていました。そして、さくらはおじいさんに、へんじを書きました。そして、どんどんやりとりをしている間にくらくおちこんでいたさくらのしぼんだ花のような気もちは、まんかいのさくらのように明るくなりました。そのおじいさんの手紙のやりとりがなかったら、さくらは元気になれなかったかもしれないので、おじいさんの手紙はさくらにとってすくいの手紙だったのかもしれません。

③1月5日 『みず色のマフラー』

> 　わたしは、この本の中に出てくるヨースケでふしぎに思ったことが一つあります。ヨースケは、しんいちとやすおにいじめられていました。そして、お母さんがなぜかなくなって、ヨースケは、親せきの家にひっこすことになりました。わかれの時になり、ヨースケの家に、ひっしで、走ってきた、しんいちと、やすおに、「楽しかったよありがとう。」と言いました。いじめていたあいてにどうしてそんなことを言うんだろうと、ふしぎに思いました。わたしだったら、「さようなら。元気でね。」と言いそうなのに[1]、「ありがと

う。」となぜ言えるのかふしぎに思いました。

　それよりもふしぎに思ったことは、どうして、しんいちとやすおで、ヨウスケをいじめていたかです。二人はかていにトラブルがないと思います。なので、わたしはただのちょっかいがエスカレートして、いじめにつながったんだと思います。

　わたしは、ちょっかいはちょっかいでも、指で少しつつくぐらいならいいけど、ランドセルをもたせたり、あいてが負けるまでじゃんけんをするのは、いじめだと思います。<u>もしもそれを見ていたら、いじめている子にちゅう意をしたいです</u>[2]。

④２月16日『ひさの星』

> 　わたしは、「ひさの星」を読みました。
>
> 　「ひさ」は、こまっている人を見つけたら、助けたいと思うやさしい子だと思います。そのしょうこは、<u>十九ページの、「まさきちのおっかあがやっとまさきちから、まさきちが川っぷちのあさのほたるをとろうとして川におちたとき、ひさがとびこんでたすけてくれたのをききだしたのは、そのばんおそくであったとや」と書いてあって、「とびこんでたすけてくれたのを」と書いてあるからです</u>[3]。わたしは、川にとびこんでまで「まさきち」を助けてあげたから、こまっている人を見たら、助けてあげたいと思うやさしい子だと思いました。
>
> 　ひさは、まさきちのために、川にとびこんでみをなげだして死んでしまいました。みをなげだして、しんでしまうところは、「サーカスのライオン」に、にているなと思いました。
>
> 　わたしは、「ひさ」のように、みをなげだして、人を助ける事はできないけれども、だれかが、ないていたり、いじめられていたら、声をかけてあげたいです。

　３月23日には、読書日記を書いてよかったことについて書いた。

> 　わたしが読書日記をやってよかったと思うことは、三つあります。
>
> 　一つ目は感想です。本を読んでその本のことをどう思ったか、こんなとき自分だったらどうするかなと考え、書くことがおもしろかったです。
>
> 　二つ目は、理由です。感想を書いて理由をかいたり、本からしょうこを見つけたりするのがおもしろかったです。（中略）
>
> 　書く力とどう思ったか考えられる力がこの読書日記でついたのでよかったと思います。

　一つ目の「自分だったらどうするかなと考え」については、１月５日の下線部１と２に、二つ目の「本からしょうこを見つけたりする」については、２月16日の下線部３に表れている。

○児童Kの読書日記
　11月26日の読書日記には、これからの自分の目標を「むずかしい本でも感動の本でもちゃんとりかいして読んでいく」と書いた。
　それ以後の読書日記を紹介する。
①12月１日『ま女のたまご』

> 　わたしは、ま女のアガサのへんかを考えました[1]。
> 　はじめは、友だちなんていらない、ぜったい、自分の家には入らせない、一人の方が落ちつける、毎日、大事な仕事をやるだけで楽しいし、まんぞくできると、ま女にとってあたりまえで、ほかの鳥をきらっている気持ちでした。でも、マジョドリが生まれてくれて、いつもアガサといっしょに仕事をしたり、そばにいてくれたりしました。だからさい後には、ほかの鳥たちには、まだやさしくできてないけど、どんどんマジョドリのおかげで、心やさしくなりました。

②12月17日『動物』

> 　わたしは、学校でシカの話があったので、シカを図かんで調べようと思いました。
> 　シカの多くは、オスだけにつのがあります。つのは、毎年はえかわり、えだわかれします。森林や草原、しっちなどさまざまなかんきょうにくらし、草などをはんすうして消化します。
> 　でも、なぜ森にいるはずのシカが人間の世界に来たのでしょう。人間のせいです。人間が森をはかいし、シカの住むところをうばい取ったからです。だから、食べ物をさがしに来るのです。わたしは、ふしぎです。シカは、たしかに少しこわいです。でも、シカがおこるようなことをしたのは、こわくしたのは、人間です。なのに、なぜ自分が悪いのにおそれるのでしょう。わたしは、シカはいやでもあり、かわいそうです。
> 　森をはかいするのは、とっても、とっても、ひどいことなのです[2]。

③1月4日『ゆめのスイーツホテル』

わたしが、この本を読んで、心にのこったこの本のいいところは、セルジ（シェフ・パティシエ）がリッチクリームがなくてどうしようとおちこんでいた時、すばるがいいていあんを出した時、一回ちんもくをしたけど、「うん、いいね。」と言ってみんなの力を一つにしてがんばろうという気になったところです。わたしも、みんなのように、人の言ったことをみとめてあげて、力を一つにするようになりたいです[3]。

④2月1日『目がみえない　耳もきこえない　でもぼくはわらっている　しょうがいじ三兄弟物語』

長男のぼく、洋平は77000人に一人しかうまれないとても重い病気で、目も見えない、耳も聞こえない、手足が動かない、しゃべりにくい、ごはんが食べれないというしょうがい。弟の大は自へいしょう。すえっこのわたるは、知きおくれのある自へいしょう。つまり、しょうがいじ三兄弟。生きるのが少し大へん。広島県のくれという町で、ゲラゲラわらいながらくらすこんな兄弟がえがかれています。

この本をよんで、わたしは、あたり前のように息をして、動いていたけど、本当は、あたり前じゃなくて、動いて息をし、そして生きているのはすごいことなんだなと思いました[4]。

⑤2月16日『目がみえない　耳もきこえない　でもぼくはわらっている　しょうがいじ三兄弟物語』

わたしがこの本ではらが立った人物は、大やわたるをいじめた小学生です。わたしは、「ガイジ」という言葉をきいて、すごくかなしかったです。しょうがいがあるからさべつというのは、ぜったいにしない方がいいと思います。でも、だからといって、しょうがいがある子ができない事をほかの子といっしょにむりにやらせるというのは、やめたほうがいいと思います[5]。

⑥2月29日　おすすめの本

> 　わたしは、目が見えない、耳も聞こえない、でもぼくはわらっているをおすすめします。ぜったいに読んでください。
> 　その理由は、しょうがいを持った人の気持ちが分かるからです。気持ちが分かったら、<u>言ってはいけない言葉、行動に気がついて、気をつけることができたりするからです</u>[6]。（後略）

3月23日には、読書日記を書いてよかったことについて書いた。

> 　読書日記をやってよかったことは三つあります。
> 　一つ目は、一つのことに深く考えられるようになったことです。人物のへんかや、くらべること、あらすじ、感想などです。ほかにも、たくさん時間をかけてじっくり考えられました。（中略）
> 　三つ目は、本を読んで、人物とくらべて、自分をふりかえることができて、これからの自分を考えることができました。なので、自分をよくかえられることもできました。（後略）

　読書日記を書いてよかったことの一つ目については、12月1日の下線部1（人物の気持ちの変化）、12月17日の下線部2（批判的な読み）、2月1日の下線部4（命の尊さ）、2月16日の下線部5（障害をもつ子への関わり）に表れている。よかったことの三つ目については、1月4日の下線部3（これからの自分）、2月29日の下線部6（振り返り）に表れている。

　以上の児童の読書日記から、読書の目標をもちながら読書日記を書き続けることにより、読書の良さや自分の伸びを実感することができたことが分かる。

（2）児童の自己評価
　学級の児童の読書日記の記述（11月と3月の振り返り）を筆者が考えた読書力に沿って分類した。（漢字表記は筆者による。）

○読書技術

読書力	児童が読書日記に書いたこと
① 読書設計力	○読書する時間を考えたい。 ○時間を増やしたい。 ○読書貯金のページを増やしたい。 ○もっと分厚い本を読みたい。 ○歴史の本を読んでみたい。 ○難しい本に挑戦していきたい。 ○難しい本でも感動の本でもちゃんと理解して読んでいく。 ○登場人物のことを考えたい。 ○人物の性格を考えたい。 ○人物の気持ちになって読むのをがんばりたい。 ○他の本と比べながら読みたい。 ○他の本と比べたり登場人物のことを考えたりしたい。 ○自分と人物を比べたい。 ○感想の言葉を考えて読みたい。 ○本をすらすら読めて読書日記の文を長くしたい。
② 選書力	○楽しい本、前の話に似ている本、おすすめの本 ○短いお話と文が長いお話を読んでいる。 ○字が多い本を多く読んでいる。勉強になる本 ○長くて字が小さい本 ○〜シリーズはいつも読んでいる。 ○生物の生態を調べるため図鑑を読む。 ○表紙の絵 ○内容 ○題名で探す。 ○キーワードを入力してパソコンで検索する。 ○図書館のポップを見る。
③ 読解力 （情報の 取り出し）	○あらすじの書き方が分かった。 ○あらすじを書くことができた。 ○中心人物の変化を見つけてあらすじを分かりやすく短く書くようにがんばった。 ○本から証拠を見つけるのがおもしろかった。 ○他の本と読んでいる本との同じところや全く違うところがぱっと頭の中に出てくるようになった。
④ 読解力 （解釈）	○人物の気持ちを考えている。 ○人物の気持ちの変化を考えている。 ○変化に気がついたりすると、理由を考えてなるほどと分かるまで考える。 ○「どうしてそんなことをしたんだろう」と思うようになった。 ○人物になりきり、その場面に合わせてよく読むこと、深く考えることができるようになった。（人物の変化、比べること） ○登場人物の性格を書くことができた。 ○クライマックスを見つけられるようになった。 ○他の本と比べて読む。 ○本の人物を他の本の人物と比べて読む。

⑤⑥ 読解力 （熟考・評価）	○いろいろな感じ方ができるようになる。 ○感想の言葉を増やせた。表現が豊かになる。感想で伝えたいことが分かり やすい文章になる。 ○「私だったらこうするな」と思う。 ○本を読んでどう思ったか、こんなとき自分だったらどうするかなと考え書 くことがおもしろかった。感想を書いて理由を書くのがおもしろかった。 ○感想は自分と比べたらいいことを学んだ。 ○自分と人物を比べて似ているところや違うところを見つけるのが楽しい。 ○人物と比べて自分を振り返ることができて、これからの自分を考えること ができた。自分をよく変えることもできた。 ○本で人の心を変える。
⑦ 活用力	○ポップの書き方が分かった。 ○伝わるような文章を書くこと。 ○すらすらよく分かるように書けるようになった。 ○考えた文章を詳しく書けた。 ○文章を上手に書けるようになった。 ○すらすら読めるようになった。 ○強めるところを読めるようになった。 ○気持ちをこめて読めるようになった。 ○人物になりきって読めるようになった。 ○人物になりきり、その場面に合わせて読む。 ○知らない言葉を使ったり内容を自分で考えたりして自分で話を作れる。

○読書活動に対する意欲・態度

読書力	児童の読書日記の記述
⑧ 楽しんで読む	○本はいいなあ。 ○本のすばらしさに気づいた。 ○楽しくなった。 ○物語の中に入れた気がして楽しくなる。 ○読書が好きになれる。本の良さを感じられる。次の本には どのような工夫がされているのだろうとわくわくしながら 読む。
⑧ 進んで読もうとする	○はやくたくさん読めるようになった。 ○読む本の数が多くなった。 ○2日で5冊ぐらいは読む。 ○読む量が2倍ぐらいに増えた。 ○3500ページはこえたのもうれしい。 ○5091ページ読んだ。 ○長い本も読めるようになった。 ○いろんな本をいっぱい読んだ。

○⑨読書習慣

○去年より10分多く本を読むようになった。
○毎日30分くらい読む。
○長い時は１時間半ぐらいで少ない時は55分くらい。
○文章（感想）を書く習慣がついた。

○その他

○きれいな字で書けるようになった。
○漢字を文章によく使えて覚えやすい。
○言葉を覚えやすい。
○たくさん知れるようになった。
○歴史について分かった。
○本について知ることができる。
○算数の自学なども読書日記と思って字をすらすら書けるようになった。

　以上のように、学級の児童の自己評価により、筆者の考えた読書力が具体化された。

第５項　考察

（１）児童Aの読書感想文から児童Bの読書日記、新聞記事へ

　ファーブルに関する児童Aの感想文を読んで書いた児童Bの読書日記を学級で紹介した後、ファーブルを取り上げた新聞記事を学級の児童に配布し、それについて全員が読書日記に書くようにした。学級の児童は、人物の考え方や生き方に関する新聞記事との出会いにより、人物に対する素直な思いや考え、自分自身の生活に活かしたいこと等を書くことができた。教師は、児童の読んでいる本や読書日記の内容を理解した上で、学級の児童の読書力形成に向けて適した新聞記事や本を見つける習慣を身に付けておくことが必要である。

（２）読書だよりを読むことから自分の考えを書く読書日記へ

　児童は、読書だよりに掲載された10人の読書日記から１人または複数の

友達のものを選び、自分の考えを読書日記に書いた。そして、それらの読書日記は展示された。児童は、同じ記事を読んで書かれた読書日記を読むことを通して、内容や表現、考え方の良さを学び合うことができ、それを契機に自分の読書を進めていくことができた。

（3）学級に良い影響を与える児童の変容

　学級の児童の読書力を形成していく際に、まず核となる児童の存在が必要である。本学級の場合、児童AとMが早い時期から、他の児童の学びを促す文章を書き、学級の核として良い影響を与えていった。3年1組では、日頃から友達同士の認め合いができていたため、児童AとMの児童の読書日記を紹介していくことにより、他の児童の読書力も伸びていき、核となる児童が少しずつ増えていったのである。そして、同時に留意したことは、児童AとMの伸びもさらに目指していくことであった。教師にはすべての児童の可能性を伸ばすことが求められる。本実践では、教師の朱書きや友達の肯定的な評価の言葉により、児童AとMも、読むことや書くことへの意欲が高まり、多様な読書力を身に付け、自信をつけることができた。

（4）児童が設定する目標と身に付いた読書力

　本実践では、11月と3月に全員が一斉に自分の読書の振り返りを書く日を設けた。その日に児童は、自分の書いた読書日記を読み直し、本の選び方や読書の仕方、本の読み方、読書日記の書き方等について成果と課題、今後の目標を書くことができた。また、それ以外の日に進んで読書の振り返りを書く児童もいた。読書日記は児童にとってポートフォリオであり、児童は、自分の読書を客観的に振り返りながら、できるようになったことを実感し、読書に対する意欲を高めることができた。

第5章　高学年の読書日記の実践

第1節　読書日記と国語科の言語活動

第1項　第5学年の実践

　2011年度、A小学校第5学年では、国語科年間指導計画（表5－1）に基づき、複数の本や文章を読む国語科単元を構成し、教科書教材で身に付けさせたい力とその力を活用しながら日常の読書で身に付けさせたい力を明確にした読み方の習得を図り、単元のゴールに伝え合う言語活動を行った。

表5－1　第5学年　国語科年間指導計画

月	単元	教科書教材	サブテキスト	つけたい力	言語活動	関連図書（一部）
5	「動物の体」解説ブックを作り、自分のメッセージを伝え合おう	動物の体と気候（説明文）	原典『わたしの動物記』	○論理（原因と結果）を読み取る。構成を考えながら要旨をまとめる。○疑問をもったことをさらに読み深め、要約する。	解説ブック作り	『動物たちのいのちの物語』『NHK生きもの地球紀行』
5	役割をもって読書しよう	世界でいちばんやかましい音（物語）		○物語の構成や内容・表現の面白さを捉える。○自主的に役割を決定して読書をし、多様な読み方を身に付ける。本の面白さを味わう。	リテラチャー・サークル	王子様・お姫様の話、訳者の書いた本、誕生日プレゼントの話、世界一の話
6	新聞を読み比べよう	新聞記事を読み比べよう（説明文）	読売新聞中国新聞	○二つの新聞記事を読み比べて書き手の意図を読み取る。○関心をもった記事を読み、書き手の意図と自分の考えをまとめる。		朝日小学生新聞

7	古文に親しもう	古文を声に出して読んでみよう		○言葉の響きやリズムを楽しみ、内容の大体を理解する。 ○自分のお気に入りの古文を選んで読む。	暗唱大会	『浦島太郎』『奥の細道』
9	宮沢賢治の表現世界を楽しもう〜おすすめの本を紹介し合おう	注文の多い料理店（物語）	「雨ニモマケズ」	○構成や表現の工夫を捉える。 ○複数の本（宮沢賢治の本）を比べて読み、面白さを味わう。	読書発表会	宮沢賢治の本（『銀河鉄道の夜』『どんぐりと山猫』『よだかの星』『雪わたり』）
10	自分の意見文を書こう	資料を読んで考えたことを書こう	社会見学の資料	○資料から引用しながら自分の考えたことが伝わるように書く。 ○複数の情報から必要なものを取り出し、自分の考えをまとめる。	意見文作り	パンフレット、インターネット、新聞
11	広げよう！読書の世界、考えよう！動物と人間のかかわり	大造じいさんとがん（物語）	「片耳の大鹿」「スプリングフィールドのキツネ」	○人物の心情の変化、人間と動物の関係について読み取る。 ○読みの観点を明確にして、複数の本を比べて読む。	読書会「比べ読み報告書」作り	椋鳩十の本（『人間はすばらしい』『月の輪グマ』『カモの友情』『金色の足あと』『山の太郎グマ』）『シートン動物記』
1	伝記から考えよう！人物の生き方	手塚治虫（伝記）	手塚治虫に関する資料「子供は未来人」	○人物の考え方や生き方を読み取る。 ○目的をもって本を選び、人物や自分の生き方についての考えを広げたり深めたりする。	「人物研究新聞」作り	手塚治虫の本『ガラスの地球を救え』その他の人物の伝記
2	環境を守るためにできること	森林のおくりもの（説明文）	環境問題の資料	○題名や述べ方に注目して要旨を読み取る。 ○目的に応じて様々な資料で調べ、要旨をまとめる。	環境レポート作り	環境問題に関する本・新聞

　児童は、各単元において、教科書教材に関連した様々な本や文章を選んで読み、国語科授業で学んだことを活かしながら家庭で少しずつ読書日記に書き溜めていった。そして、それを基に、単元のゴールに行う言語活動に用いる本を選択し、言語活動のねらいに応じて読書日記を書き続け、言語活動を完成させていった。このようにすることにより、書く内容が十分に準備され、言語活動が充実したのである。

1月の単元「伝記から考えよう！人物の生き方」（東京書籍）の初めには、人物とその簡単な紹介を示した伝記リスト（図5－1）を配布し、自分の興味のあることから人物を選んで読んでいくことを勧めた。単元のゴールには、図5－2の内容を参考にして「人物研究新聞」を作成することを伝え、家庭で読書日記を書かせた。

人物	人物のしょうかい	○
アンデルセン	童話	
ベートーベン	作曲家	
モーツァルト	作曲家	
ナイチンゲール	看護師	
マザー・テレサ	貧しい人のために	
ヘレン・ケラー	三重苦を乗りこえて	
アンネ・フランク	戦争の中で「アンネの日記」を書く	
シュバイツァー	医者	
ガンジー	民族運動	
キング牧師	差別との戦い	
チャップリン	喜げき	
コロンブス	探検家	
レイチェル・カーソン	「沈黙の春」を書く	
ライト兄弟	飛行機の発明	
ノーベル	ダイナマイトの発明	
キュリー夫人	ラジウムの発見	
ファーブル	「昆虫記」	
アインシュタイン	「相対性理論」	
エジソン	電球の発明	
福沢諭吉	「天は人の上に人をつくらず」	
野口英世	伝染病の研究	
植村直己	登山家、冒険家	
宮沢賢治	農業改良、童話作家	
高橋尚子	マラソン選手	
イチロー	野球	
中村俊輔	サッカー	
福原愛	卓球	
浅田真央	フィギュアスケート	
石川遼	ゴルフ	

図5－1　伝記リスト

1　人物がしたこと（年表）
　　○年、○才、出来事
2　人物の考え方や生き方が分かる言葉とそれに対する自分の考え
3　特に心にのこった言葉とそれに対する自分の考え
4　作品全体からどんな人だと思うか（どんなところから思うか）
5　本の評価（……が〜に書かれているので、○○の〜がよく分かる）
　　　　　　（……のことをもっと書いていたらよく分かると思う）
　　　　　　（……のことが書かれていなかったので知りたい）
6　これまでの自分、本を読んだ今の自分、これからの（しょう来の）自分

図5−2　「人物研究新聞」の内容（例）

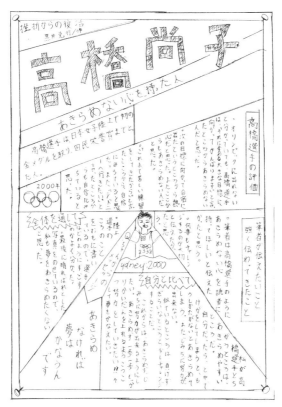

図5−3　人物研究新聞

児童一人一人は読書日記を基に図5−3のような人物研究新聞を作成し、全員の新聞を1冊にまとめたものを学校図書館の伝記コーナーに展示した。そして、互いに読み合った後、さらに自分の読みたい本を選んで読み、読書日記に読み取ったことと自分の考えを書いた。

第2項　第6学年の実践
　以下に、説明的な文章の単元における実践を示す。

（1）**単元名**　ぼく・わたしが考える「人間と自然とのかかわり」

　　「イースター島にはなぜ森林がないのか」（東京書籍）、「「本物の森」で未来を守る」（学校図書）、「自然に学ぶ暮らし」（光村図書）、「未来に生かす自然のエネルギー」（東京書籍）他

（2）**対象児童**　C小学校第6学年1組35名

（3）**時期**　2017年7月

（4）**読むことの目標**

・文末表現に着目して、事実と意見を区別し、説明的な文章における筆者の主張を捉えることができる。

・筆者の主張と具体例の挙げ方、論の進め方について、根拠や理由を明確にして批評することができる。

（5）**言語活動**

　　筆者の主張と論の進め方、具体例の挙げ方について批評し、自分の主張（人間と自然とのかかわり）を書き、広島大学大学院生に伝える。大学院生は、第8時の授業を参観するため、自分たちが書いたものを大学院生に批評してもらうことにした。

（5）指導計画（全12時間）

	時	学習活動	指導上の留意点	評価規準 （評価方法）
第一次 出会い	1	・環境問題に関する本や資料についての感想を交流する。	・関連図書のコーナーを作り、自由に読書をすることができる雰囲気をつくる。 ・人間の自然への関わり方について関心をもたせる。	・自分の感想を伝えようとしている。（発言）
	2	・「筆者の主張と論の進め方、具体例について批評し、自分の主張（人間と自然とのかかわり）を書く」という学習の見通しをもつ。	・教師の作成した言語活動の作品を示すことで、単元のゴールの言語活動（意見文を書く）と単元全体で付けたい力を理解することができるようにする。 ・<u>並行読書と家庭で読書日記を書くことについて説明する①</u>。	・学習の見通しをもち、学習に対する興味をもとうとしている。（行動観察）
第二次 習得	3	○教科書で学ぶ ・筆者の主張をとらえる。 ・問いと答えの関係を読み取る。	・文末表現に着目し、事実と意見を区別できるようにさせる。 ・文末表現、接続語、繰り返し使っている言葉に着目しながら答えの段落を見付けさせる。	・文末表現に着目して、筆者の主張をとらえている。（カード）〈読む〉 ・問いと答えの段落を見付けている。（論理シート）〈読む〉
	4 5	・答えを説明するために筆者が挙げている具体例を読み取る。	・接続語に着目し、順序立てて読み取ることができるようにする。	・森林が失われた原因を読み取っている。（カード）〈読む〉
	6 7	【意見文を書くために】 ・筆者が挙げている具体例に対する自分の考えをまとめる。	・作成した論理シートを見ながら、筆者が答えを説明するために挙げている具体例に納得できるかどうか考えさせる。 ・根拠、理由を明確にして批評させる。	・「納得する」「納得しない」という自分の考えとその根拠、理由を述べている。（ノート、発言）〈読む〉
	8	【意見文を書くために】 ・筆者の主張と論の進め方について自分の考えをまとめる。	・筆者の主張や論の進め方に納得するか、しないか、立場を決めることで、自分の考えを明確にもつことができるようにする。 ・叙述に着目したり、知識や読書経験と関係付けたりしながら批評させる。	・筆者の主張や論の進め方について、根拠を挙げ、自分なりに理由付けをして、自分の考えを述べている。（ノート、発言）〈読む〉
	9	【意見文を書くために】 ・自分の主張を書き、交流する。	・論理シートを見ながら、筆者が挙げている具体例から考えられる自分の主張（人間と自然とのかかわり）を書かせる。	・筆者の具体例をもとに、筆者の言葉や似た言葉を使いながら自分の主張をまとめている。文末表現に気を付けている。（ノート）〈書く〉

第三次 活用	10	・自分が選んだ資料について意見文を書く。 批評500字以内 自分の主張200字以内	・<u>家庭で読書日記に書いてきたことをもとに書かせる②</u>。 ・学習した読み方、書き方を生かすことができるようにする。（筆者の主張や具体例、論の進め方に納得するか、しないか。その根拠と理由、自分の主張） ・書くことに抵抗がある児童に対しては、型を参考にさせ、文字数を減らす。（批評300字以内、自分の主張100字以内）	・筆者の主張や具体例、論の進め方について、自分なりに理由付け・批評をしている。〈読む〉 ・本文の言葉や似た言葉を使って自分の主張をまとめている。文末表現に気を付けている。〈書く〉
第四次 評価・探究	11	・友達と読み合い、アドバイスを受け、修正する。	・観点に沿って、アドバイスをさせる。 ・ルーブリックを共有しながら、自己評価し、修正させる。	・観点に沿って相互評価している。（行動観察） ・友達のアドバイスを取り入れ、学習したことを活かして文章にまとめている。（原稿用紙）〈書く〉
	12	・単元のまとめと振り返りを行う。 ・自分の次の読書のめあてを考える。	・振り返りシートと意見文を見ながら、学んだことと自分が身に付けた力等について書かせる。 ・総合的な学習の時間につなげていくことができるように具体的なめあてを考えさせる。	・自分のできているところ、足りないところについて考え、次のめあてをもって学習しようとしている。（振り返りシート）

　読書日記については、指導計画の下線部①と下線部②に示している。

下線部①について

　単元の初めに、関連図書の読書と読書日記に書くことについて説明し、家庭や学校生活の中でも読書ができるようにした。これは、第10時で意見文を書くための本を選びやすくするためである。

下線部②について

　この時間から新たに書くのではなく、これまで読書日記に書き溜めた内容から必要なものを選び、目的に応じて書くことができるようにした。

　このようにして6年児童（A児）が大学院生に向けて書いた意見文を紹介する。筆者が挙げている根拠と主張、論の進め方に対して、自分なりに批評し、自分の主張を書いた。

「未来に生かす自然のエネルギー」

〈筆者の主張について〉

　筆者は、「私たちは今、エネルギー問題の解決のために、小さなことからでも実行していくことが求められています。家庭で使っていない電気を消すこと、水をむだづかいしないこと、食べ物をむやみに捨てない事など、身近な生活でできることを積み重ねていきながら、少しずつ自然のエネルギーを使う方法に切り変えていく必要があります。」と主張しています。

　私は、主張の「私たちは今、エネルギー問題の解決のために、小さなことからでも実行していくことが求められています。」の書き方に納得できません。本文では、世界のエネルギー問題について化石燃料や風車などを用いて書いています。確かに、問題を解決するためには、小さな事からでも実行していかなければなりません。しかし、世界のエネルギー問題の解決について書かれていたのに、いきなり一人一人の行動のことになっていて、話がつながっていないと思います。でも、「私たちの生活にはエネルギーが欠かせません。」は、世界で使われているエネルギー源の種類などをグラフや数字で表されているため、分かりやすいと思います。

〈自分の主張〉

　このままでは、エネルギーの問題が多くあるこの地球上で、私たちは生き続けていけなくなるでしょう。これから私たちは、何をしなければならないのでしょうか。まずは、つねにエネルギー問題のことや、そのことにより自然の環境が破壊されているということを頭の中に入れておかなければなりません。そして、エネルギー問題を解決し、「持続可能な社会」を作っていくために、一人一人が自然のめぐみに感謝し、その活用に努力するべきです。

　学級の児童は全員、家庭で複数の本や文章（教科書教材）を読み、批評や自分の主張等を読書日記に書いていった。そして、国語科の授業では、1つの資料を決め、批評（500字以内）と自分の主張（200字以内）を書き、大学院生から返事（良い点と改善点）をもらうことができた。

第2節　児童と共に行う読書環境づくり

　日頃から読書日記を書くためには、まず、学級の中ですぐに本を手に取ることができる環境が不可欠である。

　学級文庫には教師が用意する本を入れることが多いが、高学年の児童は、みんなに読んでほしい本を進んで家から持ってきたり、学習に関連した本等を学校図書館から借りてきたりして学級文庫を充実させることができる。また、破れたページを修理すること、本を分かりやすく整理することもできる。図5－4は、2011年度に筆者のアドバイスを基に図書係の児童が中心となって種類ごとに分類・整理した学級文庫である。

　学級文庫の他に教室に用意したものは、国語科単元でのコーナーである。第5学年の単元「広げよう！読書の世界、考えよう！動物と人間のかかわり！」では、教科書教材「大造じいさんとがん」（東京書籍）の作者である椋鳩十の本と、それに関連した図書としてシートン動物記をコーナーに置いた（図5－5）。

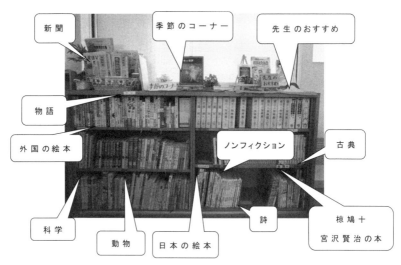

図5－4　図書係と共に分類・整理した学級文庫

本のそばには、児童が作成したポップも置いた。ポップは、本に対する関心を高めるために有効である。普段から児童には、手引き（図5－6）等を使い、作り方を指導してきた。日常の「本の紹介コーナー」でも児童が作成したポップを置いた（図5－7）。

図5－5　椋鳩十・シートン動物記コーナー

図5－6　ポップづくりの手引き

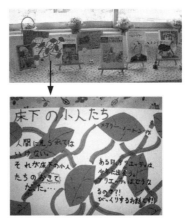

図5－7　本の紹介コーナーとポップ

また、次の単元「伝記から考えよう！人物の生き方」では、人物研究コーナー（図5－8）を作り、伝記を置いた。また、傍に図5－9のシールを貼るカードも用意した。これは、自分の番号が書かれたシールを読んだ本の欄に貼っていくためのものである。このようにすることにより、人気のある本が一目で分かり、選書に困っている児童にとって参考になる。

図5－8　人物研究コーナー

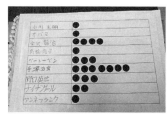
図5－9　読んだ本が分かるカード

第3節　日常の読書日記の書き方

　読書日記は、本を読む技術を身に付けるとともに読書生活を高めるために継続するものである。読書日記には、本の感想だけでなく、本に対する思いや自分の読書の仕方、自分の読書の悩み、読書の良さ、自分の読書の目的などについても書くことを勧めた。

　高学年では、以下の「読書日記の書き方」（図5－10）を読書日記の表紙裏に貼らせ、それを参考にしながら選んで書けるようにした。

　筆者が定義した読書技術と対応させると、図5－10の①③が読解力（情報の取り出し）、②が読解力（解釈）、④が読解力（人物や作品に対する熟考・評価、解釈）、⑤⑥⑦が読解力（自分と関連づける熟考・評価）、⑧が読書設計力である。ただし、①～⑧にとらわれず、自分の読み方や書き方を創り出していくことも勧めた。自分らしさも大切にしていきたいと考えるからである。

①本の中の気に入った文章や心に残った文章、美しい文章、工夫された表現を写しましょう。
②登場人物の気持ちを想像して書きましょう。
③本と本を比べて、にたところやちがうところを見つけて書きましょう。
④本を読んでぎもんに思ったことやすばらしいと思ったこと、大事だと思ったこと、調べたいと思ったことなどを書きましょう。
⑤本を読んで思い出したこと（自分がこれまでに経験したこと、テレビや映画で見たことなど）を書きましょう。
⑥登場人物と自分を比べて、にたところやちがうところを書きましょう。
⑦友達になりたい登場人物や、自分がなりたい登場人物について説明しましょう。
⑧自分の読書生活をふり返りましょう。（最近の自分はどんな本を読んでいるか、いつ読んでいるか、どれくらいの時間読んでいるか、どんな種類の本が好きか、なぜ好きか、自分は何のために本を読んでいるのか、自分にとって読書の良さは）
※どんなところからそう思ったかを書きましょう。
※どうしてそう思ったかを書きましょう。

図5-10　読書日記の書き方（高学年）

第4節　児童の変容

　実践で確かな手応えを得たのは、児童が変容した時である。その中の2人を紹介したい。

　A小学校5年生のB児は、最初、友達の良い面や頑張りを素直に認めることができにくく、学級の友達に優しく関わることが少なかった。また、学習に対する意欲は低かった。しかし、少し、落ち着いた表情になってきた6月、読書日記に「本はきらいだから1週間に2、3日ぐらいしか読まない。でも、命の大切さを知る本は絶対に1日で読む」と書いた。「命の大切さを知る」という言葉から、筆者は、それを契機に人への優しさを素直に表現できるようにしたいと考え、まず命、動物と人間の関わりをテー

マにした本『スーホの白い馬』（大塚勇三再話　赤羽末吉画）や全盲の母親の出産と子育てを描いた本『命は見えるよ』（及川和男作　長野ヒデ子絵）を薦めた。

　その後、B児は、それらの本の内容に感動し、読書日記に自分の感想を2・3行ずつ書き続けた。

○B児の読書日記の一部　『スーホの白い馬』から

> 死にそうなのに馬がスーホの所へ行ったとき感動しました。
> 馬がスーホのことをすごく好きな気持ちがよく分かりました。泣けました。

　筆者もその文章に対して助言や自分の思いを書いていき、次は『ちかい』（ポール・ジェラティ作　せなあいこ訳）を薦めた。

○B児の読書日記の一部　『ちかい』から

> ヤミーナが象の子どもを助けようという気持ちが伝わってきてもっと動物の命って大切なんだなという感情が高まりました。

　学級の児童にも、命に対するB児の思いを理解してほしかったため、B児の読書日記の内容や書き方の良さを紹介した。7月、B児は、本屋に行き、捨て犬についての本『犬たちをおくる日』（今西乃子著　浜田一男写真）を見付けたことを進んで教えてくれたので、本屋へ行ったことを褒め、それを読むことを勧めた。その後B児は、この本を買い、夏休み中に毎日、自分の素直な思いを綴った。

○B児の読書日記3日分の一部　『犬たちをおくる日』から

> ①読んだページ　10ページ
> 　写真を見てすごくショックを受けた。保健所に子犬をあずけるとお金がもらえるらしい。それを利用してお金をもらう人がいるそうだ。私は、声も出なかった。命はお金じゃない。私はすごく悲しかった。
>
> ②読んだページ　10ページ
> 　捨て犬は人間のせいだとよく分かった。（中略）野犬は人間にかわれてい

た。でも、人間が捨てたから心が閉ざされてほえたりするのだろう。私は野犬を見て目があつくなった。何も食べる物もない。ほねが見えていた。その犬は、保健所に連れて行かれ、いっさん化たん素で殺され、そして、焼かれる。命の大切さがとても分かった。

③読んだページ　6ページ
　犬の命はごみじゃない。どうせ殺すんだからじゃない。ちゃんと生きている大切な命なのに、分かっていない。命を捨てないでほしい。ちゃんと大切な命だと分かってほしかった。

　このように、B児は、真剣に犬の命のことを考え、犬を大切にしない人間に対して強い怒りを抱き、人間の在り方を考えた。筆者は、学級でB児のすばらしさを褒めた。

　その後、B児は、自分で本を選び、友達に対する自分のこれまでの関わり方について素直な思いを書くようになった。B児の読書日記に肯定的なコメントを書くことと、本の内容についてB児と対話すること、学級の児童にB児の良いところを紹介することは続いた。

　国語科「注文の多い料理店」の学習が終わり、11月にその音楽劇の練習をする時には、B児は日記に次のように書いた。（下線は筆者による。以下同じ。）

　「どんな動作をしようか？」私は動作を考えている。今年は全く違う。小物を使ったりしてただつっ立って言うのではなく、全身を使った表現などを工夫するのだ。
　<u>グループ練習では、とても楽しくやっている。一人が「これはどうかな？」と言うと、他のみんなが「あっ、いいね！！それ。」とか「もうちょっとこうしたら？」とか言いながら楽しく練習をしていたので、「がんばらなきゃ！！」という思いにさせてもらった。</u>
　<u>○○さんや○○さんや○○さんは動作も大きく、とても工夫している。全身を使っている動作を見て、「これからは鏡を使ってがんばってみよう。」とやる気が出た。</u>

　この時期になると、下線部のように、友達と楽しく話し合いながら練習

し、友達の良いところから素直に学ぶ姿勢が見られるようになった。これは大きな成長であった。

　2月には、国語科で伝記を読む学習をした後、次の感想文を書いた。

三重苦という苦しみを乗りこえて

　ヘレンケラーは小さいときに目、耳、口が不自由になってしまった。その三重苦という重いしょうがいをもち、小さいときはわがままでとてもらんぼうだった。何かあったらすぐ皿を投げていた。私は、ヘレンの苦しみが伝わり、目のおくがあつくなっていた。

　しかし、サリバン先生のおかげでヘレンケラーはおとなしいいい子になっていった。手のひらに文字を書いてどんどん覚えていった。いつの間にか私は心の中で、（ヘレン、よかったね。）と言っていた。

　いっしょうけんめいに勉強し、難しいハーバード大学に入ったところでは感動した。私は（だいじょうぶかな。ヘレン）と思っていたけれど、見事合格をした。信じられなかった。

　大人になると全国の人々に、しょうがいをもった人がどれだけ大変かをうったえ続けた。そこから努力をしていると思った。ヘレンケラーは世界、そして広島県でも最後までうったえた。ヘレンケラーの名言は「どうかあなたのランプをもう少しだけ高くかかげてください。目の見えない人たちのゆくえをてらすために」だ。

　私は、ヘレンケラーが三重苦という重いしょうがいをかかえても大学に入ったところから、<u>努力をすれば結果は出るということが強く伝わってきた。また、同じ所から、何事もちょう戦することが大事だと強く伝わってきた。努力をすれば可能性があるということを筆者は伝えたかったと思う。</u>

　<u>私は今まで（自分なんてどうせ……）と思うことがあったが、ヘレンケラーから、自信をもち、素直で明るい女の子になろうと努力をすることが大切だと学んだ。これから私は努力する友達に対しても（すごいな。私もがんばらなきゃ。）と思えるようになりたい。そして、ヘレンケラーのように自分も努力をしようと思った。宿題ではなくても漢字練習を進んでやることや読書をしていろいろな感想を読書日記に書くことをがんばっていきたい。</u>

題名：『ヘレンケラー』　砂田　弘文　作（ポプラ社）

　B児は、下線部のように、作品から伝わってきたことを基に、自分の内面を見つめ、なりたい自分について書くことができるようになった。

学年末に筆者が転勤する時には、次の手紙を書いてくれた。

> 私は、最初、本がきらいだったけれど、読書日記のおかげで本が好きになり
> ました。命の本を読んだとき、先生はいろんな意見や返事を書いてください
> ました。

B児は読書日記を書き続けることにより、感想を書く力が向上した。ま
た、友達の良さを素直に認め、友達からも優しさを認められ、楽しく学校
生活を送ることができるようになった。このような変容は、教師がB児の
実態に合った本の紹介をしたこと、読書日記への肯定的な朱書きと対話を
継続したことによるものと考えられる。

　同じ学級のC児も、読書日記を書き続けることにより変容した児童であ
る。この児童は、最初、授業中に発表することが難しかった。そのC児が
選書に困っていることを読書日記から捉えることができたため、パソコン
を使って図書館の本を検索する方法を指導した。C児は、恥ずかしそうに
聞きながら頷いた。後日、C児は、図書館に行き本を選んだことを読書日
記に書いた。それ以後、母親と図書館に行き、本を借りて、自分の素直な
感想を書くようになった。筆者がC児の読み方や考え方について読書日記
に肯定的な評価の言葉を朱書きしたり、学級で紹介したりすることにより、
C児は自信がつき、さらに積極的に読書日記を書くようになった。そして、
授業中も進んで挙手するようになった。これらのことは大きな伸びとして
友達に認められた。

　9月に国語科「注文の多い料理店」の学習をした後、C児は、筆者が推
薦する宮沢賢治の本を読んでいった。C児は、12月になってもさらに宮沢
賢治に関する本を読み、以下の文章を書いた。

○『光をかかげた人たち2』

> 　私は、宮沢賢治が病気になった妹を必死にかんびょうしていたので、すご
> くやさしいんだなと思いました。そして、私がこの本の中で一番気に入った
> のは、宮沢賢治の考えた詩です。
> 気に入った言葉（詩）

「そら、ね、ごらん　むこうにきりにぬれている　きのこのかたちのちいさい林があるだろう　あすこのとこへ　わたしのかんがえが　ずいぶんはやくながれていって　みんな　とけこんでいるのだよ　ここいらはふきの花でいっぱいだ」というところです。

わけは、読んでいると、自然に気持ちがよくなるからです。

C児は、宮沢賢治のように自然との一体感を感じ取っているようであった。

2月に行われた全校の読書集会では、次の読書日記を基に発表した。

手塚治虫は、「鉄腕アトム」「ジャングル大帝」などのまんがを書いた人です。命がつきようとするしゅんかんまでまんがをかこうとしたので、本当にまんがが大好きな人だと分かりました。手塚治虫は、まんがかになるか医者になるか迷いましたが、お母さんの「人間は好きな道をまっすぐに進むのがよいのです。」という言葉で、まんが家として生きることを決心しました。私は、自分がなりたい職業につくのが一番大切ということが強く伝わってきました。私も、これから、職業を決めるとき、自分が本当に好きでなりたいものを選びたいと思います。

下線部から、C児の意志の強さと成長を感じることができた。自信がなく、声が小さかったC児が、全校集会においても自分の考えをしっかりと表現できるようになった。

年度末には、C児の両親から、C児が1年間読書日記を書き続けることにより読書が大好きになったことを教えていただいた。読書日記が、本を読む意欲や発表意欲を高めるきっかけになったそうである。

B児とC児の読書日記から明らかなように、読書日記指導は、読書技術や読書活動に対する意欲・態度、読書習慣を育てるだけでなく、児童の内面と行動の変容も可能にするのである。

第6章　読書日記指導プログラムの構想

　本章では、筆者の先行実践を踏まえた上で読書日記指導の在り方を示し、第1・3・5学年の読書日記指導プログラムを構想する。これは、国語科年間指導計画の中に位置づけられている教材の学習に読書日記指導を関連させ、「読書の目標」「読書日記の指導方法」「読書日記に書く内容」を示すものである。

第1節　読書日記指導プログラムの在り方

第1項　読書の目標
　小学校第1・2・3・5・6学年における筆者の実践で、児童が多様な読書力を形成していったことを踏まえ、第1章で定義した「読書力」を国語科のねらいや児童の実態に即して、年間を通してできるだけバランスよく設定する。

〈読解力〉
・日常の読書指導であまり重視されてこなかった読解力を、国語科「読むこと」の授業の目標と関連させながら育てていく。
・第1章で示したリテラチャー・サークルの考察を踏まえ、PISA型読解力（情報の取り出し、解釈、熟考・評価）を意識して育てていく。その中でも、「自分との関連づけ」「評価・批評」を積極的に取り入れていく。
・学級の児童へ読書が広がり読書力が形成されていった成果を踏まえ、国語科教科書教材の授業で身に付けさせたい力以外についても、日常の読書日記の交流を通して身に付けていくことができるようにする。

〈選書力〉

・国語科の読書活動や日常の読書日記指導において、児童の実態に合った本の選び方を指導し、児童が自分で本を選べるように導く。また、友達同士で本の選び方を交流できるようにしていく。

〈活用力〉

・読書日記を活用し、感想文を書くこと、作品作りをすること、読書会等で話し合うことができるようにする。

〈読書設計力〉

・1年間に2～3回読書日記に自分の読書のし方や読書の良さ、自分の伸び等について書かせ、読書の目標を決めて意欲的に取り組んでいけるようにする。

第2項　読書日記の指導方法

　読書日記は、自分の読書生活を築いたり高めたりするための読書活動である。年間を通して書き続け、教師も児童も評価、改善ができるようにしていく。指導は以下のように行っていく。

・読む意欲と習慣を育てるために、まず学級文庫を整備し、身近に本がたくさんあるようにする。低学年では、学級文庫に物語や図鑑を中心に入れることが多いが、中学年からは、学級文庫をジャンル別に整理し、幅広く読める環境づくりをしたい。高学年では、自分たちで目的に応じて学級文庫に本を入れ、ジャンル別に整理できるようにしたい。

・学年当初には、読書日記の目的（読書活動に対する意欲・態度と読書技術の育成、読書習慣の育成）について指導する。

・学級の実態に即し、書く頻度を決め（毎日、1日おき、1週間に一度など）、基本的に家庭で読書日記を書かせる。

・始めは、「読むこと」の授業と関連させながら書き方（型）を示し、全員が書けるようにする。次第に友達の読書日記から、自由な書き方を紹介し、型を破り自分らしい書き方ができるようにしていく。

・国語科「読むこと」の単元が始まる前に、関連図書を用意しておき、自由に読めるようにし、読書日記にも自由に感想を書くことを勧める。読

み方を学習した後は、自分が選んだ本で活用して読書日記に書くことを勧める。また、日常的に書いている児童の読書日記を「読むこと」の授業で活用することもできるようにする。

・児童の読書日記を朝の会で読み聞かせたり、学級通信などで紹介したり、教室に展示したりして、読み方や書き方、考え方などを学び合うことや読書を広げていくことができるようにする。

・単元のゴールの言語活動（感想文を書くこと、読書会等で話し合うこと、リーフレット等の作品作りをすること）では、日常的に書いている読書日記を活用することができるようにする。

第3項　読書日記の内容

児童は、以下の内容を読書日記に書くことが可能である。

○本を読んだ感想

　　国語科の教科書教材に関連した本を国語科で学んだ読み方を使って読み感想を書いたり、読みたい本を選び自由に感想を書いたりする。

○本の選び方

　　「自分がどのようにして本を選んでいるか」「どのような本を選ぶか」などについて書く。

○自分の読書のし方

　　「家庭でどのくらいの時間読書をしているか」「いつ読んでいるか」「どのような本をよく読んでいるか」「どのように読んでいるか」などについて書く。

○本に対する自分の思い

　　「どのような本が好きか。それはなぜか」「本は好きか、嫌いか。それはなぜか」「本を読むとどのような良いことがあるか」などについて書く。

○自分の読書日記を読んだ感想と次の目標

　　教師の朱書きを基に、「自分がどのような本についてよく書いているか」「どのような読み方ができているか」「どのようなことをしていけばよいか」「これからどのような本を読みたいか」などについて書く。

〇友達の読書日記に対する感想

　友達の読書日記を読んで思ったことについて書く。

　以上のように、単に本を読んだ感想だけでなく、読書に関する幅広い内容を書かせることで、自分の素直な思いを自由に表出できるようにしていく。

第2節　読書日記指導プログラム

　これまでの筆者の実践を踏まえ、年間を通して系統・螺旋的に読書力が身に付くプログラム（表6－1は第1学年用、表6－2は第3学年用、表6－3は第5学年用）を構想している。プログラムの読書力の数字（①～⑨）は、図1－3「筆者が考える読書力」を示している。

　読書日記は日常的に書くものであり、児童が自由に読むこと・書くことを大切にするが、読書日記の指導と国語科「読むこと」の授業をすべて切り離してしまうと、日常生活において自分で本を選ぶ力や自分で読み方を選んで読む力、読書生活を築いたり高めたりする力を身に付けることはできない。そこで、読書日記には自由に書くことを基本としながら、読書日記を国語科「読むこと」と関連させながら指導していくことのできるプログラムを作成した。

　この指導プログラムは、児童の実態と教師のねらいにより変更が可能なものである。例えば、国語科の教科書教材については、各学校で使用している教科書教材に変え、その教材の特徴からつけたい読解力を定めるとよい。本を紹介する活動についても児童の実態と教師のねらいに応じて決めるとよい。また、読書日記指導においては、低学年であっても実態に応じ、後述する第3学年の指導プログラムの中で参考になるものを改善して取り入れてもよい。逆に高学年であっても、十分に身に付いていないことについては、第3学年の指導プログラムの中から取り入れてもよい。

【読書日記指導プログラム（第1学年）】

表6-1　国語科「読むこと」との関連を図った読書日記指導プログラム

（第1学年）

月	教材	読書の目標	読書力	読書日記の指導方法	読書日記に書く内容（例）
4		本に興味をもつことができるようにする。	⑧	朝の会で絵本の読み聞かせをする。	
		一言感想の語彙を広げることができるようにする。	④⑤	交流型読み聞かせ（読み手と聞き手、または聞き手同士が交流する読み聞かせ）を行い、登場人物の思い、登場人物に対する自分の思い、話の予想などについて交流する。一人の感想からつなげていき、多様な表現ができるようにする。 　児童から出た感想の言葉をカードに記録し、教室に掲示する（今後の学習に役立てる）。	
5		自分と関連づけながら一言感想を話すことができるようにする。	⑥	朝の会で絵本の読み聞かせをする。 　「自分だったら……」「今まで似たことは……」などについて交流する。	
6	たぬきのじてんしゃ	物語文において、中心人物に対する感想を話し合うことができるようにする。	⑤⑥	同じ作者の本や同じ動物が出てくる簡単な絵本を学級文庫に用意し、紹介する。 　てびき「感想の言葉」を一人一人に渡し、言葉を引き出す。 　交流型読み聞かせを行う。	
		読書日記を導入し、根拠や理由を入れて中心人物に対する感想を書くことができるようにする。	⑤⑥	読書日記の書き方を示し、視写をさせる。 　児童の書いてきた読書日記を朝の会で読み聞かせたり、学級通信で紹介したりして、学び合うことができるようにする。	根拠や理由を入れた感想（中心人物に対する感想） 例：○○は、……したから……と思いました。自分だったら……すると思います。自分も……ことがありました。

7	お お き な か ぶ	物語文で繰り返し出てくる言葉や繰り返されていること、人物に対する感想を書くことができるようにする。	③ ⑤	繰り返しのある絵本を学級文庫に用意し、自由に読むことができるようにする。 　今までに学んだ読み方を活用して読み、感想を書くことができるようにする。 　日常の児童の読書日記（根拠や理由を入れた感想の書き方）を紹介し、習熟を図るようにする。	・繰り返し出てくる言葉 ・繰り返されていること ・根拠や理由を入れた感想 例：○○が……したところが……でした。……したので……と思いました。
		読書会で、同じ本を読んだ者同士が話し合うことができるようにする。	② ⑦ ⑧	本の選び方を指導し（文字の量、登場人物）、教師が用意した本から気に入った本を1冊選ばせる。 　学んだ読み方を活かして読書日記に書かせ、それを基に話し合わせる。 　読書日記の中でできている読み方を紹介する。	・繰り返し出てくる言葉 ・繰り返されていること ・根拠や理由を入れた感想
		繰り返しのある本を読み、繰り返し出てくる言葉や人物に対する感想を読書日記に書くことができるようにする。	③ ⑤	読書日記の書き方を示し、視写をさせる。 　児童の読書日記を朝の会で紹介したり展示したりする。	・繰り返し出てくる言葉 ・根拠や理由を入れた感想
9	う み の 水 は な ぜ し ょ っ ぱ い	昔話のおもしろいところを見付けたり、人物同士を比較したりすることができるようにする。	③ ④ ⑤	教科書教材と似た話を読み聞かせ、興味をもたせる。 　学級文庫に昔話を用意し、自由に読み、感想を読書日記に書くことができるようにする。 　国語科で読み方を学んだ後は、それを活かして書くことを勧める。	・おもしろいところ ・人物の比較（○○は……だけれども、△△は……） ・話から教わったこと
		昔話を読み広げ、読書日記に書くことができるようにする。	② ③ ④ ⑤	自由に書かせる。 　児童の読書日記を紹介し、多様な読み方・書き方を学び合うことができるようにする。	・おもしろいところ ・人物の比較（○○は……だけれども、△△は……） ・人物に対する感想 ・話から教わったこと

10		自分の読書日記を振り返り、読書の目標を決めることができるようにする。	①⑨	これまで自分が書いた読書日記と教師の朱書きを読み、自分のできた読み方等について自覚し、読書を続けることができるようにする。	・自分ができた読み方 ・自分がよく読んだ本 ・これからがんばりたいこと
11	はじめは「や」	物語文において、友達を思う行動や会話文に着目し、自分の好きな文を選び、感想を書くことができるようにする。	③④⑤⑥	友達をテーマにした絵本を学級文庫に用意し、自由に読むことができるようにする。 　児童から出た感想の言葉をカードに書き、教室に掲示する。 　国語科で読み方を学んだ後は、それを使って読書日記に書くことを勧める。	・人物の気持ち ・人物に対する自分の思い ・もし、自分が○○だったら…… ・今まで自分は ・これから自分は
		なかよしの友達が出てくる本を読み、話し合うことができるようにする。	②③④⑤⑥⑦⑧	本の選び方を指導する。(題・帯・人物・表紙の絵など) 　教師が用意した本から1冊選ばせ、学んだ読み方を活かして自由に読書日記に書くことができるようにする。 　読書日記を基に話し合うことができるようにする。	・人物の気持ち ・人物に対する自分の思い ・もし、自分が○○だったら…… ・今まで自分は ・これから自分は
		なかよしの友達が出てくる本を読み、好きな文とそれについての自分の感想を読書日記に書くことができるようにする。	②③④⑤⑥⑦⑧	読み方・書き方を互いに学び合うことができるように読書日記を展示する。	・人物の気持ち ・人物に対する自分の思い ・もし、自分が○○だったら…… ・今まで自分は ・これから自分は
		紹介したい本を選び、ポップづくりをすることができるようにする。	⑦⑧	ポップの作り方を指導する。 　読書日記の中から紹介したい本を選ばせる。	・あらすじ（一文） ・感想
12		本の選び方を振り返り、できていること、できにくいことについて書くことができるようにする。	②	学校図書館で本の選び方について交流させる。	・できていること ・できにくいこと

1	く ら し を ま も る 車	説明的文章を読み、感想を書くことができるようにする。	③⑤	学級文庫に図鑑や資料を用意し、自由に読むことができるようにする。	・はたらき ・くふう ・分かったこと ・もっと知りたいこと
		図鑑等で乗り物について調べ、読書日記に書くことができるようにする。	③⑤	読書日記の書き方の例を示す。	・はたらき ・くふう ・分かったこと
2		これまでの読書日記を振り返り、自分の伸びを実感するとともに、次の目標をもつことができるようにする。	①⑨	読書日記を展示して読み合い、自分の読書生活を考え、読書を続けることができるようにする。	・できるようになったこと ・これから読みたい本 ・これから読書でがんばりたいこと
		読書感想文を書くことができるようにする。	②③④⑤⑥⑦	これまで書いた読書日記から本と書きたいことを選ばせる。	自分で読み方を選ぶ。
3	ろ く べ え ま っ て ろ よ	物語文において、人物同士の関係を読み取り、読書日記に感想を書くことができるようにする。	④⑤⑥	学級文庫に動物と人間の関係を描いた物語を用意し、自由に読むことができるようにする。 　国語科で読み方を学んだ後は、それを活かして読書日記に書くことを勧める。	・人物の気持ち ・人物に対する自分の思い ・今までの自分 ・これからの自分
		命・協力・団結を考えられる本を読み、読書会で話し合うことができるようにする。	②③④⑤⑥⑦⑧	学級文庫に命・協力・団結を考えられる本を用意する。 　教師が選んだ本から1冊選ぶことができるようにする。 　読書日記を基に話し合うことができるようにする。	・人物の気持ち ・人物に対する自分の思い ・今までの自分 ・これからの自分
		命・協力・団結を考えられる本を読み、読書日記に書くことができるようにする。	②③④⑤⑥⑦⑧	本の選び方を指導し（表紙、題、図書室の先生の紹介、図書室のコーナーなど）、自分で選べるようにする。 　読書日記を展示し、互いに読み合えるようにする。	・人物の気持ち ・人物に対する自分の思い ・今までの自分 ・これからの自分

174

【読書日記指導プログラム（第3学年）】

表6－2　国語科「読むこと」との関連を図った読書日記指導プログラム

（第3学年）

月	教材	読書の目標	読書力	読書日記の指導方法	読書日記に書く内容（例）
4		様々な本に興味をもつことができるようにする。	⑧	朝の会などの時間にテーマを決めてブックトークをする。	
		読書日記を書くことに意欲をもつことができるようにする。	⑧	国語科「読むこと」の授業の中で、読書日記のねらい、書く内容、書き方について具体的に説明する。それらを示した手びきを読書日記に貼らせ、いつでも参考にすることができるようにする。	・本を読んで思ったこと ・好きな本 ・読書に対する思い
		感想の語彙を広げることができるようにする。	⑤	児童の読書日記から、感想の言葉を紹介する。児童から出た感想の言葉をカードに記録し、教室に掲示する（今後の学習に役立てる）。	
	つり橋わたれ	ファンタジー作品を読んで感想を書くことができるようにする。	⑤	ファンタジー作品を学級文庫に用意し、自由に読むことができるようにする。 　国語科で読み方を学んだ後は、それを活かして読書日記に書くことを勧める。 　朝の会などで児童の読書日記を紹介し、多様な感想を認め合えるようにする。	・ふしぎなところ ・おもしろいところ ・好きなところ
		共通教材（本）を読み、読書日記に感想を書き、話し合うことができるようにする。	⑤⑧	教科書教材で学んだ読み方を活かして読書日記に書くことができるようにする。 　読書日記を基に話し合うことができるようにする。	・ふしぎなところ ・おもしろいところ ・好きなところ
5	合図としるし	説明的な文章を読み、感想を読書日記に書くことができるようにする。	⑤	学級文庫に図鑑や事典、子ども新聞の記事などを用意し、自由に読むことができるようにする。 　国語科で読み方を学んだ後は、それを活かして読書日記に書くことを勧める。	・分かったこと ・大事なこと ・思ったこと

175

6		本の選び方について理解できるようにする。	②	学校図書館で、読書案内や新刊紹介などの利用の仕方について指導する。	・本の選び方について分かったこと ・読みたい本
7	あらしの夜に	物語文を読み、友達関係についての感想を読書日記に書くことができるようにする。	④⑤⑥	同じ作者の本や友達関係を描いた本を学級文庫に用意し、自由に読むことができるようにする。 　児童の読書日記を学級通信で紹介したり、朝の会で読み聞かせたりして学び合うことができるようにする。	自由
		読書会で話し合うことができるようにする。	④⑤⑥⑦⑧	教科書教材で学んだ読み方、友達の読み方を活かして読書日記に書くことができるようにする。 　読書日記を基に話し合うことができるようにする。	・人物の気持ち ・人物関係 ・人物に対する思い ・今の自分、これからの自分
9		自分の好きな本を友達に紹介することができるようにする。	⑦⑧	今までに書いた読書日記から好きな本を選び、紹介カードに書かせる。 　紹介コーナーを作り、展示し読み合えるようにする。	・あらすじ ・好きなところ
		詩を読み広げ、感想を読書日記に書くことができるようにする。	⑤	学級文庫に詩を用意し、自由に読むことができるようにする。 　好きな詩の視写をし、感想を書かせる。 　紹介コーナーに展示し、読み合えるようにする。	・おもしろいところ ・工夫されているところ
10		読書日記を振り返り、自分の読書の目標を決めることができるようにする。	①⑨	これまで自分が書いた読書日記と教師の朱書きを読ませ、自分のできた読み方等について自覚し、読書を続けることができるようにする。	・自分ができた読み方 ・自分がよく読んだ本 ・これからがんばりたいこととそのための方法
11	モチモチの木	民話を読み、感想を読書日記に書くことができるようにする。	③④⑤	民話を学級文庫に入れ、自由に読むことができるようにする。 　国語科で読み方を学んだ後は、それを活かして読書日記に書くことを勧める。 　児童の読書日記から読み方を紹介する。	・人物の気持ち ・人物の気持ちの変化 ・人物に対する感想・評価

		ねらい		方法	観点
		読書会で話し合うことができるようにする。	②③④⑤⑥⑦⑧	教科書教材で学んだ読み方や友達の読み方を活かして読書日記に書くことができるようにする。　読書日記を基に話し合うことができるようにする。	・人物の気持ち ・人物の気持ちの変化 ・人物に対する感想・評価
		民話を選んで読み、読書日記に書くことができるようにする。	②③④⑤⑥⑦⑧	児童の読み方を紹介する。	・人物の気持ち ・人物の気持ちの変化 ・人物に対する感想・評価
12		紹介されている本を手がかりにして本を選んで読み、感想を読書日記に書くことができるようにする。	②④⑤⑥	読書案内や本のリストなどを参考にさせる。　児童の読書日記を紹介し、多様な読み方を学び合うことができるようにする。	自由
		読書日記を基に、感想文を書くことができるようにする。	④⑤⑥⑦	これまでに学んだ読み方を活かして書くことを勧める。	自由
1	冬眠する動物たち	説明的な文章を読み、動物の知恵について感想を書くことができるようにする。	④⑤	動物の知恵が書かれた本や子ども新聞の記事などを学級文庫に用意し、自由に読むことができるようにする。	・分かったこと ・すごいと思ったこと
2	わにのおじいさんのたから物	教科書と読み比べて感想を書くことができるようにする。	②④⑤⑥	学級文庫におにが出てくる本を用意し、自由に読むことができるようにする。　学んだ読み方を活かして読書日記に書くことができるようにする。　読み方・書き方を互いに学び合うことができるように、読書日記を展示する。	・人物の気持ち ・人物に対する思い
3		読書日記を振り返り、自分の伸びを実感し、今後の自分の読書について考えることができるようにする。	①⑨	読書日記を展示し、読み合い、自分の読書生活をさらに見直すことができるようにする。	・できるようになった読み方 ・読書をしてよかったこと ・これからがんばりたいこととそのための方法

【読書日記指導プログラム（第5学年）】

表6−3　国語科「読むこと」との関連を図った読書日記指導プログラム

(第5学年)

月	教材	読書の目標	読書力	読書日記の指導方法	読書日記に書く内容（例）
4		読書日記を書くことに意欲をもつことができるようにする。	⑧	「読むこと」の授業の中で、読書日記のねらい、書く内容、書き方について具体的に説明する。それらを示した手びきを読書日記に貼らせ、いつでも参考にすることができるようにする。	・本を読んで思ったこと ・読書に対する思い ・自分の読書生活
		感想・評価の語彙を広げることができるようにする。	⑤	手びき「感想・評価の言葉」を読書日記に貼らせ、参考にすることができるようにする。 　児童から出た感想の言葉・評価の言葉はカードに記録し、教室に掲示する（今後の学習に役立てる）。	
	図書館へ行こう	自分の関心のある本を探し、その中から選んで読むことができるようにする。	②	学校図書館で実際に請求記号の書かれたラベルを見て分類の仕方を理解させる。 　本を探す練習をさせる。 　係や委員を中心に学級文庫をジャンル別に整理させる。 　本の選び方（書評、あとがき、帯等を見る）を指導する。	・読んだ本の感想 ・読みたい本 ・本の選び方
	動物の体と気候	説明的な文章において、論理（原因と結果）、要旨を捉え、自分の考えを書くことができるようにする。	④⑤	動物たちの体の不思議や体と環境との関係について書かれた本を学級文庫に用意する。児童からも本を集めさせる。 　国語科で学んだ読み方を活用することを勧める。	・○○は……になっている。だから……ができる。 ・対比（○○は……けれども△△は……） ・自分の考え
		共通教材（本）を読み、読書日記に書き、話し合うことができるようにする。	④⑤	児童から出た新しい書き方を紹介し、自由な書き方を理解させる。	・○○は……になっている。だから……ができる。 ・対比（○○は……けれども△△は……） ・自分の考え

		自分が選んだ本を読み、読書日記に書くことができるようにする。	②④⑤⑦	児童が書いた読書日記を朝の会で紹介する。学級通信で紹介し、読み聞かせる。	・○○は……になっている。だから……ができる。 ・対比（○○は……けれども△△は……） ・自分の考え
5	世界でいちばんやかましい音	物語文において、中心人物の心情・場面の様子の変化について読み取り、感想を話し合うことができるようにする。	③④⑤⑥	学級文庫に同じ作者の本や中心人物の心情の変化を捉えやすい本を用意する。　係、委員を中心に学級文庫にコーナーを作らせる。　国語科で読み方を学んだ後は、それを活かして読書日記に書くことを勧める。	・変化したところはどこか ・どのように変化したか ・なぜ変化したか
		中心人物の心情・場面の様子の変化に注目しながら読書会を行うことができるようにする。	②③④⑤⑥⑦⑧	教師が用意した本から1冊気に入った本を選ばせる。　学んだ読み方を活かして読書日記に書くことができるようにする。　日常の読書日記でできている読み方があれば取り入れる。　読書日記を基に話し合うことができるようにする。	・変化したところはどこか ・どのように変化したか ・なぜ変化したか
		中心人物の心情の変化を捉えやすい本を読み、読書日記に書くことができるようにする。	②③④⑤⑥⑦⑧	友達が読んだ本から気に入ったものを読むよう勧める。　児童の読書日記を朝の会で紹介したり、展示したりする。	・変化したところはどこか ・どのように変化したか ・なぜ変化したか
6	新聞記事を読み比べよう	新聞記事を読み、読書日記に自分の考えを書くことができるようにする。	④⑤⑥	学級文庫に新聞を用意しておき、自由に読むことができるようにする。　国語科で読み方を学んだ後は、その読み方を活かして読書日記に書くことができるようにする。	・この記事は……ことを伝えている ・自分は……と考える。 ・今の自分、これからの自分
		新聞記事を読み、書き手の意図を捉え、自分の考えを読書日記に書くことができるようにする。	④⑤⑥	新聞記事を複数用意し、その中から好きな記事を選ばせる。学んだ読み方で読ませ、読書日記を基に話し合わせる。	・この記事は……ことを伝えている ・自分は……と考える。 ・今の自分、これからの自分

7		自分のお気に入りの本を紹介することができるようにする。	⑦⑧	帯の作り方を指導する。　読書日記に書いた内容を参考にして書けるようにする。　紹介コーナーを作り、展示し読み合えるようにする（本の種類ごとに展示し、ジャンルを意識できるようにする）。	・内容（本の題名、作者、あらすじ、本文の引用、キャッチコピー、シリーズの紹介、作者の紹介、自分の感想など） ・表現（色、デザイン、字の太さ、記号、囲む）
9		これまでの自分の読書日記を振り返り、次の読書の目標を具体的に決めて書くことができるようにする。それをもとに、友達同士で交流することができるようにする。	①	これまで自分が書いた読書日記と教師の朱書きを読ませ、自分のできた読み方等について自覚できるようにする。　友達と話し合うことにより自分の読書生活について考えることができるようにする。	・本の選び方 ・自分がよくできた読み方 ・自分の読書のし方 ・友達から学んだこと ・読書の良さ
10	注文の多い料理店	物語文において、人物の考え方の変化や人物の相互関係の変化を読み取り、人物を評価し話し合うことができるようにする。	③④⑤⑥	宮沢賢治の本を学級文庫に用意する。児童にも集めさせる。　本の題名が書かれたブックリストを渡し、読む意欲をもつことができるようにする。　児童の新たな読み方を紹介する。　国語科で読み方を学んだ後は、それを活かして読書日記を書くことができるようにする。	・人物の変化 ・人物に対する評価 ・おもしろいと思った表現 ・工夫されていると思った表現 ・自分のあり方
		宮沢賢治の本を読み、読書会で話し合うことができるようにする。	③④⑤⑥⑦⑧	読書日記を基に話し合うことができるようにする。	・おもしろい表現 ・工夫されている表現
		宮沢賢治の本や別の作者の本を選んで読み、読書日記に書くことができるようにする。	②③④⑤⑥⑦⑧	これまで学習した教材の作者や自分が読んだ本の作者に注目して、同じ作者の作品を読むことを勧める。	・自由

11	和の文化について調べよう	興味をもった「和の文化」についていろいろな本や資料で調べ、発表し合うことができるようにする。	②④⑤⑥⑦⑧	本の選び方を指導する。 　自分で本を選ばせる。 　メモの取り方を指導し、読書日記に書くことができるようにする。 　読書日記を基に交流することができるようにする。 　児童の読み方・書き方を学び合うことができるように展示する。	・調べる観点 ・自分の考え
12	手塚治虫	伝記を読み、人物の考え・生き方に対する自分の考えを書くことができるようにする。	③④⑤⑥⑧	人物名と業績を記した「伝記リスト」を渡し、自分の興味のある分野の人物について読む意欲をもつことができるようにする。 　自由に読書日記に書くことができるようにする。 　国語科で読み方を学んだ後は、それを活かして読書日記に書くことができるようにする。 　児童の読書日記を紹介し、伝記に対する興味をもつことができるようにする。	・人物の考え・生き方 ・自分の考え ・今までの自分、今の自分、これからの自分
		複数の伝記を読み、その中から一人を選び、感想文に書き、交流することができるようにする。	②③④⑤⑥⑦⑧	感想文集を作り、読み合えるようにする。 　友達の感想文を読み、自分の感想を読書日記に書くことができるようにする。	・友達の読み方・書き方
1		自分の読書生活を振り返り、これからの読書のし方を考えることができるようにする。	①⑨	読書に関連した内容の文章(新聞など)を複数用意し、その中から選んで読ませ、読書に対する自分の思いを読書日記に書かせ、朝の会などで交流させる。	・読書に対する自分の思い

2	大造じいさんとがん	物語文において、人物の気持ちの変化を読み、動物と人間の関わりについて話し合うことができるようにする。	③④⑤⑥	動物と人間の関わりを描いた本を用意し、自由に読むことができるようにする。 国語科で読み方を学んだ後は、それを活かして読書日記に書くことを勧める。	・人物の心情の変化 ・動物と人間の関わり ・自分の動物に対する考え方・接し方
		動物と人間の関わりを描いた本を読み、読書会で話し合うことができるようにする。	②③④⑤⑥⑦⑧	児童に読みたい本を集めさせる。 学んだ読み方を活かして読書日記に書くことができるようにする。 読書日記を基に話し合うことができるようにする。	・人物の心情の変化 ・動物と人間の関わり ・自分の動物に対する考え方・接し方
		動物と人間の関わりを描いた本を読み、読書日記に書くことができるようにする。	②③④⑤⑥⑦⑧	友達の読書日記を展示し、自由に読み合うことができるようにする。	・人物の心情の変化 ・動物と人間の関わり ・自分の動物に対する考え方・接し方
3		読書日記を読み直し、自分の伸びや次の目標を読書日記に書くことができるようにする。	①⑨	読書日記を展示し、読み合い、自分の読書生活をさらに見直すことができるようにする。	・できるようになった読み方 ・読書に対する考え方の変化 ・友達から学んだこと ・自分のこれからの読書のし方

182

おわりに

　私は、自らの授業改善を図ることと今後の国語教育の在り方を考えることを目指し、小学校在職中の２年間、広島大学大学院博士課程前期において、ポートフォリオ評価を取り入れた文学作品の指導に関する研究を、１年間のエキスパート研修（広島県教育委員会実施）において、文学体験（典型化体験）を深める文学作品の読み方に関する研究を行ってきました。そして、その後、４年間の大学院博士課程後期において、日常の読書に視点を広げ、児童の読書力を形成する読書日記指導の研究を続けてきました。その間、主任指導教官であった広島大学の難波博孝教授にご指導いただき、理論に基づく授業実践・読書指導を進めることができるようになりました。７年間継続して行った読書日記指導では、指導法の改善をするだけでなく、児童一人一人の内面や行動の変容を促すこともできるようになりました。国語科だけの指導ではなく、生徒指導も含めた教育ができたと実感しています。

　私は、この読書日記指導の可能性に期待し、８年前から自宅で勉強会を開始し、自分の勤務校や他校の教師に読書日記指導の理論と実践方法を紹介してきました。勉強会のメンバーである教師も１年間、読書力と指導法の視点を明確にして読書日記指導を実践することにより、同じ読み方をしていた児童が多様な読み方をするようになることや読書意欲・国語科の学習意欲が向上することを実感しました。読書日記指導を行う学級では、読書日記を書くことが好きな児童が増えるという成果も得られました。書くことが苦手だった児童も少しずつ継続して書くことで自信をつけたのです。また、読書日記を読み合ったり本について話し合ったりすることにより、友達関係を築くことや、友達との関わりを広げることも可能となったのです。

　多忙な教師が継続して読書日記指導を行うことは困難だと感じられるかもしれません。しかし、児童の一日に書く量は少なくてもよいのです。教師の朱書きも一言でよいのです。また、児童の実態に応じて柔軟に指導法

を工夫することもできます。「継続は力なり」のように、指導を積み重ねていくことにより、児童の読書力を形成することができるようになります。少しずつ続けることが重要なのです。教師が指導を継続するためには、児童の可能性を引き出したいと思うこと、児童の読み方・書き方・考え方の変容を生み出す喜びを感じることが必要だと思います。

　児童が学校で学んだことを基に自分で読みたい本や必要な本を選び、目的や内容に応じて読み方を選んで読むこと、生涯にわたって読書を続けること、読書により自分の生き方を考えることができるようになってほしいと願っています。

　最後になりましたが、広島大学大学院で指導してくださった主任指導教官の難波博孝先生、副指導教官の松本仁志先生・山元隆春先生・朝倉淳先生、指導法について語り合った小学校の先生方、読書日記の良さを教えてくれた学級の子どもたちに心から感謝いたします。

　渓水社の木村斉子様には、出版に向けいろいろとご相談にのっていただくとともに、本書の体裁について細かなアドバイスをいただきました。記して深く感謝申し上げます。

　2021年11月

　　　　　　　　　　　　　　　　　　　　　　　　　細　　恵子

引用・参考文献

足立幸子（2004）「リテラチャー・サークル－アメリカの公立学校のディスカッション・グループによる読書指導方法－」『山形大学教育実践研究』(13)，9-18.

足立幸子（2008）「読書の魅力を伝える技法 リテラチャー・サークル（特集1・読書離れにいどむ）」『教育と医学』56(1)，35-41.

足立幸子（2009）「読んで、書いて、話し合う読書の時間【特集】読書へ誘う手法（リテラチャー・サークル）」『学校図書館』(706)，37-39.

足立幸子（2013）「交流型読み聞かせ」『全国大学国語教育学会国語科教育研究：大会研究発表要旨集』124巻，全国大学国語教育学会，252-255.

井上一郎（2007）『「読解力」を伸ばす読書活動－カリキュラム作りと授業作り－』明治図書

大村はま（1977）『読書生活指導の実際』共文社

大村はま（1984a）『大村はま国語教室⑦ 読書生活指導の実際（一）』筑摩書房

大村はま（1984b）『大村はま国語教室⑧ 読書生活指導の実際（二）』筑摩書房

大村はま（1985）『大村はま国語教室 資料篇4 読書生活の記録』筑摩書房

大村はま（1994）『新編 教室をいきいきと2』ちくま学芸文庫

梶田叡一（2007）『教育評価入門－学びと育ちの確かめのために－』協同出版

嶋路和夫（1974）「国語科における読書指導単元の再編成と長編読書の指導」『読書科学』No.17，94-99.

田中博之（2016）『アクティブ・ラーニング実践の手引き－各教科等で取り組む「主体的・協働的な学び」』教育開発研究所

デイ，ジェニ・ポラック／ディキシー・リー・シュピーゲル／ジャネット・マクレラン／ヴァレリー・B・ブラウン【著】山元隆春【訳】（2013）『本を読んで語り合う リテラチャー・サークル実践入門』溪水社

寺田守（2012）『読むという行為を推進する力』溪水社

西岡加名恵（2003）『教科と総合に活かす ポートフォリオ評価法－新たな評価基準の創出に向けて－』図書文化社

西岡加名恵・石井英真・田中耕治編（2015）『新しい教育評価入門－人を育てる評価のために』有斐閣

古市果菜絵（2011）『自立的な読書人をはぐくむ読書指導の提案』修士論文，広島大学大学院教育学研究科

細恵子（2012）「読むこと」の学習で育てる読書力の考察－アメリカのリテラチャー・サークルのヒントと日本の国語科教科書のてびきの比較を通して－」

『国語教育思想研究』第4号，77-86.

細恵子（2012）「小学校教育における読書活動の支援」難波博孝・山元隆春・宮本浩治編著『読書で豊かな人間性を育む児童サービス論　実践図書館情報学シリーズ4』学芸図書，136-149.

細恵子（2013a）「主体的な読み手を育てる読書生活指導に関する研究－小学校3年生の読書日記を中心に－」『広島大学附属三原学校園研究紀要』第3集，47-54.

細恵子（2013b）「読書力を育成する読書日記指導の実践－小学校3年生の場合－」『国語科教育』第七十四集，70-77.

細恵子（2013c）「児童の読書力形成に果たす読書日記の役割－小学校3年生における読書日記の交流とその分析を中心に－」『広島大学大学院教育学研究科紀要第一部（学習開発関連領域）』第62号，147-156.

細恵子（2015a）『児童の読書力を形成する「読書日記指導」の理論と実践』学位論文，広島大学大学院教育学研究科

細恵子（2015b）「読書力を形成する「読書日記指導プログラム」の構想」『広島大学附属三原学校園研究紀要』第5集，69-76.

細恵子（2016）「比べ読みによる児童の感想の分析から指導と評価の可能性へ－『泣いた赤おに』と『お手紙』を対象として－『国語教育思想研究』第12号，15-24.

堀哲夫（2013）『教育評価の本質を問う　一枚ポートフォリオ評価OPPA　一枚の用紙の可能性』東洋館出版社

増田信一（1997）『学び方を養う読書の学習』学芸図書

文部科学省（2008）『小学校学習指導要領解説国語編』東洋館出版社

安居總子（2005）『読書生活者を育てる　中学校の読書指導』東洋館出版社

吉田新一郎（2010）『「読む力」はこうしてつける』新評論

Day, J.P.et al.（2002）*MOVING FORWARD with LITERATURE CIRCLES HOW TO PLAN, MANAGE, AND EVALUATE LITERATURE CIRCLES THAT DEEPEN UNDERSTANDING AND FOSTER A LOVE OF READING* NEW YORK：SCHOLASTIC

著　者

細　恵子（ほそ　けいこ）

広島県豊田郡、三原市、竹原市の公立小学校、広島県の国立小学校、東広島市の公立小学校を経て、2018年4月より千里金蘭大学生活科学部児童教育学科准教授。
小学校在職中に広島大学大学院教育学研究科学習科学専攻博士課程前期修了、同大学大学院教育学研究科学習開発専攻博士課程後期修了。博士（教育学）
2か月に一度、授業創りの会を開き、現場の教師と共に勉強・研究をしている。

共著　難波博孝・山元隆春・宮本浩治編著『読書で豊かな人間性を育む児童サービス論　実践図書館情報学シリーズ4』（学芸図書，2012）

児童の読書力を形成する読書日記
—読書指導法の改善と個の変容を目指して—

2021年11月20日　発行

著　者　細　恵子
発行所　株式会社溪水社
　　　　広島市中区小町 1-4（〒730-0041）
　　　　電話 082-246-7909　FAX 082-246-7876
　　　　e-mail: info@keisui.co.jp

ISBN978-4-86327-573-7　C3081